Verso un'integrazione strutturata e sistemica delle cure domiciliari per non autosufficienti in Italia

OECD

MIGLIORI POLITICHE PER UNA VITA MIGLIORE

La presente opera è pubblicata sotto la responsabilità del Segretario Generale dell'OCSE. Le opinioni espresse e le conclusioni raggiunte non corrispondono necessariamente alle posizioni ufficiali dei governi dei Paesi membri dell'OCSE. Il presente documento è stato realizzato con il sostegno finanziario dell'Unione europea. Le opinioni in esso espresse non rispecchiano in alcuno modo la posizione ufficiale dell'Unione europea.

Il presente documento, così come tutti i dati e tutte le mappe geografiche che esso comprende, non pregiudica lo status o la sovranità su ogni territorio, con riferimento alla delimitazione delle frontiere e dei confini internazionali e alla denominazione di ogni territorio, città o area.

Si prega di citare sempre la presente pubblicazione come riportato qui sotto:
OECD (2025), *Verso un'integrazione strutturata e sistemica delle cure domiciliari per non autosufficienti in Italia*, OECD Publishing, Paris, https://doi.org/10.1787/d2c8dfe5-it.

ISBN 978-92-64-92050-7 (Stampa)
ISBN 978-92-64-97082-3 (PDF)
ISBN 978-92-64-26359-8 (HTML)

Versione aggiornata, novembre 2025
I dettagli della correzione sono disponibili al sito: https://www.oecd.org/en/publications/support/corrigenda.html

Titolo originale: OECD (2025), *Towards a Structured and Systemic Integration of Home Care for the Non-Self-Sufficient in Italy*, OECD Publishing, Paris, https://doi.org/10.1787/a204ba8c-en.

Illustrazioni: Copertina © SeventyFour/Shutterstock.com.

Gli errata corrige delle pubblicazioni possono essere consultati online sul sito: https://www.oecd.org/en/publications/support/corrigenda.html.

Prefazione

Perché è importante sviluppare un sistema integrato di cura rivolto alle persone non autosufficienti? Quale modello di governance può favorire il coordinamento tra i diversi livelli di governo e tra pubblico e Terzo Settore in Italia? E quali ostacoli complicano, a livello locale, il coordinamento tra le diverse figure coinvolte nelle attività di assistenza? Quali passi vanno intrapresi per strutturare sistemi informativi e modelli di servizio integrati tra l'ambito sanitario e quello sociale? Quali pratiche sono considerate più rilevanti e innovative a livello internazionale?

Questo rapporto si propone di fornire alcune risposte a queste domande e alle principali questioni poste dall'invecchiamento della popolazione e dall'aumento delle malattie croniche, con uno sguardo sulla realtà italiana. In Italia, e in altri paesi OCSE, le politiche legate all'integrazione stanno acquistando un rilievo sempre più marcato a causa dell'incrocio tra la transizione demografica e la transizione epidemiologica dei bisogni. I progressi della medicina, i vari interventi di sanità pubblica e il miglioramento delle condizioni socioeconomiche conducono, soprattutto nei paesi ad alto reddito, a un consistente aumento dell'aspettativa di vita che si accompagna a un progressivo ridursi dei casi di malattie infettive e al prevalere delle malattie cronico-degenerative. Durante questo stesso periodo si sono verificati anche importanti cambiamenti demografici, in Italia sfociati nella condizione ormai nota come 'inverno demografico'. I prossimi decenni saranno caratterizzati da forte denatalità, riduzione della popolazione residente, marcato invecchiamento della popolazione e ulteriore frammentazione dei nuclei familiari – con dinamiche non omogenee tra aree interne e aree metropolitane, dati i processi di urbanizzazione e spopolamento.

Il quadro dei bisogni vedrà un aumento delle multi-cronicità sempre più correlato a condizioni di non autosufficienza o disabilità, e a caratteri legati a fragilità o marginalità sociali. Il quadro multidimensionale dei bisogni di salute complessi, la ridotta capacità dei nuclei familiari, le marcate disuguaglianze, la diffusione del lavoro povero, pongono con forza nuove sfide molto impegnative alla tenuta dei setting assistenziali di tipo domiciliare, e alla ragionevole capacità di proporli in futuro per un numero consistente di persone anziane e non autosufficienti.

La complessità dei bisogni delle persone che necessitano di assistenza domiciliare e le problematiche di coloro che se ne prendono cura richiedono un approccio coordinato, olistico e incentrato sulla persona, in grado di superare le tradizionali divisioni tra settore sanitario e settore sociale. La costruzione di nuovi servizi di assistenza domiciliare integrata, di conseguenza, dovrà confrontarsi con un orizzonte che mette in discussione alcuni degli assunti che caratterizzano la situazione attuale: assistenza alla persona sorretta prevalentemente dai legami di famiglie ancora numerose e poco disperse; livelli dignitosi di sostegno economico garantiti dal lavoro, dal risparmio e dal patrimonio. Un tema vasto ed attuale, al centro delle preoccupazioni dei decisori politici, degli utenti e di chi opera nelle realtà sanitarie e sociali in molti Paesi OCSE.

L'obiettivo principale di questo rapporto è dunque quello di far luce sulle sfide e sulle potenzialità connesse all'integrazione dei servizi di assistenza domiciliare per le persone non autosufficienti e di promuovere un avanzamento significativo nelle politiche per l'integrazione tra sanitario e sociale – garantendo che i sistemi di cure integrate siano incentrati sulla persona e sostenibili nel lungo periodo.

Il rapporto adotta un approccio multidisciplinare, esplorando le principali dinamiche del settore, individuando buone pratiche in Italia e all'estero, e interrogandosi sulle principali innovazioni e sui possibili ambiti di miglioramento. Particolare attenzione viene prestata alla dimensione regionale e locale, data la crescente decentralizzazione del sistema sociosanitario in atto da oltre due decenni in Italia. L'analisi combina una revisione delle politiche e delle pratiche esistenti con un'analisi di banche dati nazionali e internazionali. Si avvale inoltre di dati nuovi e inediti, raccolti attraverso due indagini condotte dall'OCSE nel periodo 2024-2025 – una rivolta alle regioni e alle province autonome italiane, e un'altra rivolta a 14 distretti sanitari e ambiti territoriali sociali. Inoltre, l'analisi delle esperienze maturate in altri Paesi OCSE ha permesso di identificare diversi modelli di integrazione sociosanitaria ed estrapolare lezioni utili per il contesto italiano.

Un sistema di cure domiciliari in grado di proporsi come una realistica ed effettiva risposta alla domanda di salute delle persone anziane non autosufficienti, e dei loro nuclei familiari, deve ragionevolmente affrontare contemporaneamente le tre dimensioni della cura, dell'assistenza e della tutela senza sottrarsi alla complessità che ne deriva. Richiede inoltre una struttura di governance multilivello, strumenti di progettazione dei servizi, sinergie tra la forza lavoro pubblica, privata e familiare, ed innovazione tecnologica e digitale – la cui centralità è basata sulle persone anziane non autosufficienti e sulle caratteristiche peculiari dei loro nuclei familiari e delle loro specifiche sistemazioni abitative. Le capacità di finanziamento del sistema si giocano sulla possibilità di ricomporre le risorse destinate alla cronicità con quelle dedicate alla non autosufficienza e all'inclusione sociale.

L'analisi di tali specificità del contesto italiano, insieme all'esame di pratiche diffuse a livello internazionale, ha evidenziato come modello rilevante per l'integrazione sociosanitaria nel sistema italiano quello della "ricomposizione" – che prevede una pluralità di livelli tra loro coordinati attraverso standard e strumenti comuni – rispetto ad approcci alternativi come il "ricongiungimento" (un accentramento totale di funzioni e risorse) o il "rammendo" (accordi o iniziative isolate che non modificano l'assetto istituzionale esistente).

Ringraziamenti

L'azione ha ricevuto finanziamenti dall'Unione Europea tramite lo Strumento di Supporto Tecnico ed è implementata dall'OCSE, in collaborazione con la Task Force per le Riforme e gli Investimenti della Commissione Europea. Gli output dell'azione sono consultabili sulla pagina web dedicata del progetto: https://www.oecd.org/en/about/programmes/sg-reform/towards-person-centered-integrated-care-in-italy.html.

Le opinioni espresse e le argomentazioni utilizzate nel presente documento non riflettono necessariamente le posizioni ufficiali dei paesi membri dell'OCSE o dell'Unione Europea.

Gli autori ringraziano per l'indispensabile supporto e la fattiva collaborazione il Ministero della Salute, il Ministero del Lavoro e delle Politiche Sociali, l'Istituto Superiore di Sanità, l'Agenzia Nazionale per i Servizi Sanitari Regionali ed il Programma Mattone Internazionale. Gli autori desiderano inoltre ringraziare le numerose persone e istituzioni (regioni e province autonome, aziende sanitarie locali, enti comunali, terzo settore, enti privati e ricercatori accademici) che hanno contribuito a questo lavoro attraverso interviste, la fornitura di documentazione, le risposte ai questionari e la partecipazione ai focus group.

In particolare, un sentito ringraziamento va alle istituzioni che hanno contribuito alla fase pilota dell'azione: la Regione Toscana, l'Azienda USL Toscana Centro e la Società della Salute Empolese-Valdarno-Valdelsa, l'Azienda USL Toscana Nord-Ovest e la Zona Distretto Valle del Serchio, l'Azienda USL Toscana Sud-Est e la Zona Distretto Casentino; la Regione Veneto, l'Azienda ULSS 8 Berica e l'Ambito Territoriale Sociale Vicenza, l'Azienda ULSS 4 Veneto Orientale e l'Ambito Territoriale Sociale Portogruaro; la Regione Emilia-Romagna, la AUSL Romagna, il Distretto di Lugo e l'Unione dei Comuni della bassa Romagna, la AUSL Piacenza, il Distretto di Piacenza città ed il Comune di Piacenza; la Regione Puglia, la ASL Lecce, il Distretto Socio Sanitario di Lecce e l'Ambito territoriale di Lecce, la ASL Foggia, il Distretto Socio Sanitario di Cerignola e l'Ambito territoriale di Cerignola, la ASL Bari, il Distretto Socio Sanitario di Conversano e l'Ambito territoriale di Conversano; la Regione Liguria, la ASL 4 Liguria ed il Distretto sociosanitario 14 Tigullio occidentale, il Distretto sociosanitario 15 Chiavarese ed il Distretto sociosanitario 16 Tigullio; la Provincia Autonoma di Bolzano, l'Azienda Sanitaria dell'Alto Adige, il Distretto sanitario Val Badia, il Distretto sociale Val Badia, il Distretto sanitario Merano Circondario e il Distretto sociale Merano; la Provincia Autonoma di Trento, l'Azienda Provinciale per i Servizi Sanitari, il Distretto Sanitario Sud e gli Ambiti territoriali di Vallagarina, Altipiani Cimbri, Alto Garda e Giudicarie.

Indice

FIGURE

TABELLE

Sintesi

L'Italia ha una delle popolazioni più anziane tra i paesi EU e OCSE. All'inizio del 2025, le persone con 65 anni e oltre rappresentavano il 24.7% della popolazione, mentre quelle con 80 anni e oltre il 4.1%. Entro il 2050, queste quote sono destinate a salire rispettivamente al 37% e al 15% – il secondo valore più alto al mondo dopo la Corea. Le limitazioni funzionali sono diffuse tra la popolazione anziana in Italia: il 13.7% dichiara difficoltà nelle attività quotidiane di base, mentre il 15.9% in quelle strumentali più complesse.

Nonostante l'aumento dei bisogni, i servizi rivolti alle persone anziane non autosufficienti in Italia restano frammentati. Le responsabilità sono suddivise tra ambito sanitario e sociale, diversi livelli di governo e una molteplicità di soggetti erogatori, con conseguenti disuguaglianze nell'accesso e negli esiti. Le forme di sostegno includono trasferimenti monetari, servizi residenziali o semiresidenziali, assistenza domiciliare e cure informali da parte della famiglia. Il trasferimento monetario più diffuso è l'indennità di accompagnamento erogata dall'INPS a fronte di disabilità certificata, talvolta integrata a livello comunale da ulteriori trasferimenti con regole di accesso e utilizzo eterogenee. Le strutture semiresidenziali e residenziali offrono cure diurne o continuative, ma con forti differenze territoriali in termini di accesso, tipologia di servizi e costi. A domicilio, l'Assistenza Domiciliare Integrata (ADI) eroga principalmente prestazioni infermieristiche, mentre il Servizio di Assistenza Domiciliare (SAD) fornisce prestazioni sociali, spesso tramite il Terzo settore.

L'aumento delle condizioni croniche ha accentuato l'urgenza di un sistema integrato di cura, assistenza e tutela per le persone non autosufficienti. In Italia, l'integrazione tra servizi sanitari e sociali è ampiamente riconosciuta come elemento centrale per ridurre la frammentazione e migliorare il coordinamento. La governance dei servizi sociosanitari per le persone non autosufficienti è fortemente decentralizzata e si articola su più livelli – nazionale, regionale e locale.

Negli ultimi anni sono state avviate diverse riforme per rafforzare la governance dell'assistenza domiciliare. Il Decreto 77/2022 ha definito modelli e standard per l'assistenza territoriale nel Servizio Sanitario Nazionale. Il Piano Nazionale per la Non Autosufficienza 2022-24 ha introdotto per la prima volta i Livelli Essenziali delle Prestazioni Sociali, prevedendo la garanzia di assistenza domiciliare, sollievo e sostegno agli anziani non autosufficienti. Altre iniziative rilevanti in materia di non autosufficienza sono la Legge n. 227/2021 "Delega al Governo in materia di disabilita", la Legge n. 33/2023 "Delega al Governo in materia di politiche a favore delle persone anziane" ed il Decreto Legislativo n. 29/2024 adottato in attuazione di tali deleghe, e l'aggiornamento 2024 del Piano Nazionale della Cronicità. La Legge n. 33/2023 - ed il relativo decreto attuativo - mira a costruire un sistema di servizi sociali, sanitari e sociosanitari integrati tra loro, al fine di garantire una migliore e più completa presa in carico della persona. Inoltre, con il citato decreto è stato istituito il Comitato Interministeriale per le Politiche a favore della Popolazione Anziana (CIPA), con l'obiettivo di rafforzare il coordinamento delle misure a favore delle persone anziane, e individuare strumenti di programmazione e coordinamento come i Programmi delle Attività Territoriali, i Piani di Zona e gli Accordi di Programma sono utilizzati in misura crescente. Il Piano Nazionale di Ripresa e Resilienza approvato dalla Commissione Europea il 22 aprile 2021 prevede inoltre due componenti rilevanti per un miglioramento dell'integrazione dei servizi sociosanitari: la componente 2 della Missione 5 che valorizza l'intera dimensione sociale delle politiche sanitarie per le persone anziane; la componente 1 della Missione 6 che prevede l'attuazione di interventi per lo sviluppo di reti di prossimità, strutture e telemedicina per l'assistenza sanitaria territoriale.

Le consultazioni condotte con decisori politici, professionisti ed erogatori di servizi in Italia confermano l'urgenza di ulteriori riforme. Tra le sfide più ricorrenti emergono la frammentazione delle responsabilità, sottofinanziamento dell'assistenza domiciliare e comunitaria, ampie disparità territoriali, carenze di personale, pressioni finanziarie e sistemi informativi deboli. Gli stakeholder hanno sottolineato la necessità di un quadro di governance chiaro, di un maggiore sostegno ai caregiver familiari, di una formazione rafforzata della forza lavoro e di dati affidabili per monitorare bisogni ed esiti. Pur riconoscendo l'autonomia regionale, molti hanno ribadito che un quadro nazionale è essenziale per ridurre le disuguaglianze e garantire livelli minimi di assistenza in tutto il Paese.

Molti altri paesi OCSE affrontano sfide simili nell'ambito della *long-term care*. I casi studio su Giappone, Inghilterra (Regno Unito), Danimarca, Australia e Paesi Baschi (Spagna) illustrano diverse strategie di integrazione. La maggior parte segue un modello di ricomposizione, con meccanismi per collegare servizi sanitari e sociali mantenendo strutture distinte. L'analisi comparata evidenzia sei elementi chiave per l'integrazione: assetti istituzionali adeguati; accesso unico e valutazioni standardizzate; integrazione finanziaria; governance con leve di spesa; équipe multidisciplinari; sistemi informativi interoperabili e riconoscimento del ruolo del sostegno informale. I paesi stanno inoltre investendo in reti comunitarie, programmi di volontariato e misure di valorizzazione dei *caregiver*, per ridurre il carico sulle famiglie. Le carenze di personale restano una barriera diffusa, a conferma della necessità di investimenti e formazione.

Anche per l'Italia, il modello della ricomposizione appare la via più praticabile per rafforzare l'integrazione – in alternativa ricongiungimento (accentramento totale di funzioni e risorse) o al semplice rammendo (accordi o iniziative isolate che non modificano l'assetto istituzionale esistente). Tale modello di ricomposizione coordinerebbe le funzioni di cura, assistenza e tutela attraverso la programmazione e l'erogazione congiunta, mantenendo invariate le attuali titolarità istituzionali. Questo modello richiede una governance unificata a livello nazionale, regionale e locale, organizzata attorno a tre funzioni interconnesse: il percorso assistenziale integrato, il mix di interventi e di soggetti erogatori, e la mobilitazione delle risorse. Il percorso assistenziale integrato presuppone un sistema unico di accesso e valutazione, condiviso stabilmente tra sanità e servizi sociali, con progetti assistenziali personalizzati che combinino misure mediche, infermieristiche, riabilitative, sociali, comunitarie e familiari. L'erogazione dovrà evolvere da servizi settoriali frammentati a pacchetti coordinati, gestiti da équipe multidisciplinari che coinvolgano attori pubblici, privati e comunitari. Infine, il finanziamento dovrà orientarsi verso allocazioni integrate che combinino risorse sanitarie e sociali, integrate da contributi familiari e reti comunitarie.

Diverse azioni possono rendere possibile tale integrazione:

- Creare un quadro normativo e istituzionale di supporto, definendo ruoli chiari ai diversi livelli di governo, favorendo la collaborazione tra gli stakeholder e valorizzando équipe multidisciplinari qualificate.
- Promuovere azioni a livello di comunità riconoscendo il ruolo della società civile e degli attori privati nell'innovazione sociale e nel rafforzamento del sostegno comunitario.
- Assicurare una rigorosa e tempestiva valutazione dell'implementazione di cure integrate attraverso una sistematica raccolta ed analisi di indicatori di processo e di esito.
- Incentivare l'uso di tecnologie sanitarie economiche (cost-effective) introducendo strumenti di supporto, telemedicina e soluzioni digitali per favorire autonomia, continuità delle cure e invecchiamento sano.
- Rafforzare le competenze e le conoscenze della forza lavoro per erogare in modo efficace cure integrate centrate sulla persona.

1 Il contesto demografico, epidemiologico e l'offerta di cure domiciliari

Questo capitolo esplora il contesto demografico ed epidemiologico della non autosufficienza in Italia e l'offerta di assistenza domiciliare. In primo luogo, delinea la portata dell'invecchiamento della popolazione e delle limitazioni funzionali, evidenziando la crescente prevalenza di patologie croniche. Il capitolo passa poi in rassegna la gamma di servizi disponibili per le persone non autosufficienti, distinguendo tra cura, assistenza e tutela, così come definiti dalla normativa vigente. Il capitolo presta attenzione sia all'organizzazione formale dei servizi sia alla loro erogazione. L'analisi mostra che i servizi sociosanitari soddisfano solo parzialmente la domanda di assistenza a lungo termine. Infine, il capitolo discute i limiti dei dati e dei sistemi di monitoraggio, che riducono la capacità di valutare bisogni e risultati.

1.1. I numeri della non autosufficienza in Italia

All'inizio del 2025, in Italia, la popolazione di età pari o superiore a 65 anni e pari o superiore a 80 anni rappresentava il 24.7% e 8% della popolazione, rispettivamente (ISTAT, 2023[1]). La popolazione di età pari o superiore ai 65 anni raggiungerà il 37% del totale della popolazione nel 2050, valore inferiore solamente a quello della Corea del Sud a livello mondiale, mentre la popolazione di età pari o superiore a 80 anni rappresenterà il 15% della popolazione (United Nations, Department of Economic and Social Affairs, Population Division, 2024[2]).

Nel 2021, rispettivamente il 5% e il 16.4% della popolazione dichiarava di avere limitazioni gravi e non gravi nelle attività abitualmente svolte. In base a tale risultato, sarebbero 12 767 000 gli italiani che vivono nella propria abitazione ed hanno limitazioni nello svolgimento di attività ordinarie a causa di problemi di salute. La presenza di limitazioni mostra forti variazioni tra popolazioni di età diverse. Mentre il 7.9% delle persone di età inferiore ai 45 anni riportano limitazioni (gravi e non gravi), la percentuale cresce notevolmente con l'età, raggiungendo il 59.1% nella fascia di età superiore ai 75 anni (Figura 1.1) (ISTAT, 2023[1]). Tale dato potrebbe rappresentare una sottostima dell'effettivo bisogno di servizi, essendo basato esclusivamente sulle informazioni riportate dalle persone che vivono nella propria abitazione e che hanno partecipato all'indagine. Da notare anche che il censimento della popolazione del 2021 rileva che 4.1 milioni di persone di età pari o superiore a 65 vivevano sole, un incremento di quasi 600 000 unità rispetto al 2011 (ISTAT, 2025[3]).

Figura 1.1. Quasi il 60% della popolazione di età superiore a 75 anni dichiara di avere limitazioni nelle attività abitualmente svolte

Persone con limitazioni gravi e non gravi nelle attività abitualmente svolte (valori percentuali), per classe di età, 2021

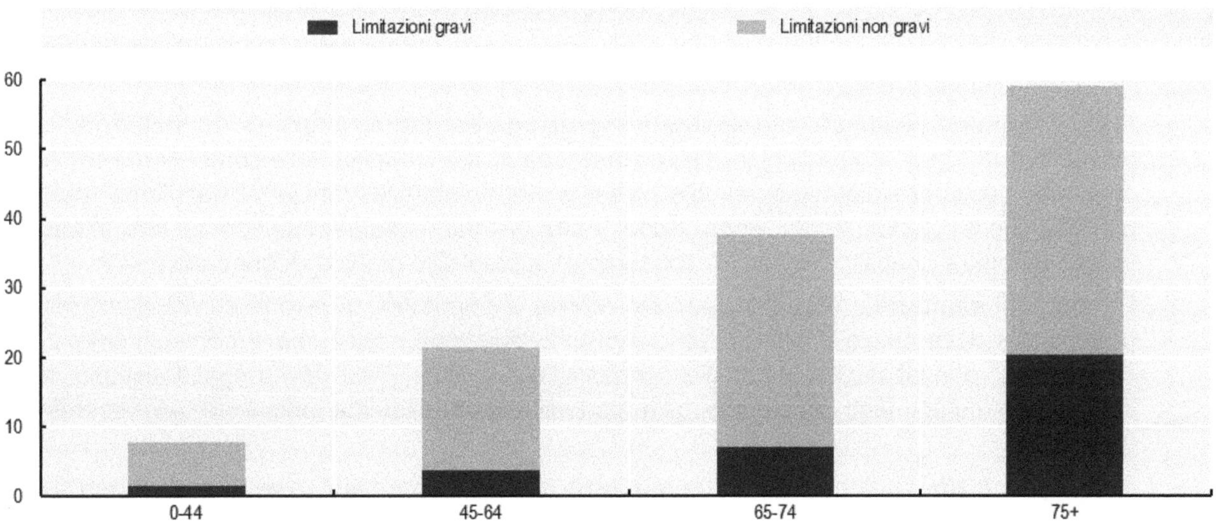

Fonte: ISTAT (2023[1]), Disabilità in cifre.

Vista l'elevata concentrazione di persone con limitazioni nelle attività abitualmente svolte tra la popolazione anziana, un'analisi più approfondita della popolazione anziana può fornire un quadro più dettagliato dei bisogni di assistenza in Italia. Lo studio PASSI d'argento dell'Istituto Superiore di Sanità (ISS) riporta dati sullo stato di salute e indipendenza della popolazione di età pari o superiore ai 65 anni[1]. I dati riguardanti il biennio 2023-24 mostrano che il 13,7% della popolazione di età superiore ai 65 anni ha almeno una limitazione nelle attività della vita quotidiana (*Activities of Daily Living* – ADL), ovvero nello svolgimento delle funzioni fondamentali della vita quotidiana come mangiare, vestirsi, lavarsi, spostarsi da una stanza all'altra, essere continenti, usare i servizi per fare i propri bisogni. Il 15,9% della popolazione di 65 anni o più presenta almeno una limitazione nelle *Instrumental Activities of Daily Living* (IADL) ovvero nelle funzioni complesse come preparare i pasti, effettuare lavori domestici, assumere farmaci, andare in giro, gestirsi economicamente o utilizzare un telefono. Ancora una volta, i dati mostrano una crescita importante delle limitazioni all'aumentare dell'età. Tra le persone di età pari o superiore agli 85 anni, rispettivamente il 41% e il 33% necessita supporto nello svolgimento di almeno una ADL e IADL. La distribuzione della popolazione non autosufficiente varia sul territorio nazionale, con un maggior tasso di persone con limitazioni nel Sud e nelle Isole e un tasso inferiore nelle regioni del nord.

1.2. Il supporto ed i servizi disponibili per persone non autosufficienti

1.2.1. L'articolazione dei servizi secondo la normativa

Le persone non autosufficienti in Italia possono ricevere supporto di cura, assistenza e tutela sotto forma di trasferimenti monetari, servizi formali in strutture residenziali o semi-residenziali, servizi formali erogati a domicilio e supporto informale da parte di familiari, amici o assistenti personali.

Tra i trasferimenti monetari, il più diffuso è l'indennità di accompagnamento erogata dall'INPS a coloro che hanno un'invalidità certificata del 100%. L'indennità corrisponde ad un ammontare di euro 515 al mese e non sono richiesti criteri reddituali per accedervi. In alcuni casi esistono anche dei trasferimenti monetari erogati a livello comunale (i.e. assegni di cura o voucher), i cui criteri di accesso, importo e vincoli di utilizzo variano tra comuni.

I servizi semi-residenziali e residenziali offrono rispettivamente servizi diurni e servizi di assistenza 24 ore a persone non autosufficienti. Le condizioni di accesso, i servizi offerti e i costi di tali servizi variano a livello regionale.

Infine, le persone non autosufficienti possono accedere a servizi domiciliari, come definiti dal decreto legislativo n. 299/1999, che includono:

- **Prestazioni sociosanitarie ad elevata integrazione sanitaria, offerte a domicilio**, ovvero le attività caratterizzate da particolare rilevanza terapeutica e intensità della componente sanitaria e che attengono prevalentemente alle aree materno-infantile, anziani, handicap, patologie psichiatriche e dipendenze da droga, alcool e farmaci, patologie per infezioni da HIV e patologie in fase terminale, inabilità o disabilità conseguenti a patologie cronico-degenerative.
- **Prestazioni sanitarie a rilevanza sociale offerte a domicilio**, ovvero le attività finalizzate alla promozione della salute e alla prevenzione, individuazione, rimozione e contenimento di esiti degenerativi o invalidanti di patologie congenite e acquisite. Tali attività contribuiscono, tenuto conto delle componenti ambientali, alla partecipazione alla vita sociale e alla espressione personale.
- Alcune **prestazioni sociali a rilevanza sanitaria offerte a domicilio**, ovvero le attività del sistema sociale che hanno l'obiettivo di supportare la persona in stato di bisogno, con problemi di disabilità o di emarginazione condizionanti lo stato di salute, inclusi i servizi domiciliari di cura della persona per le attività della vita quotidiana, come mangiare, lavarsi e vestirsi (ADL) e i servizi di assistenza domiciliare nelle attività strumentali della vita quotidiana, come cucinare, fare la spesa e gestire le finanze (IADL).

Cura

Il riferimento principale per l'Assistenza Domiciliare Integrata (ADI) è l'art.22 del DPCM 'Nuovi LEA' del 2017, che disciplina le cure domiciliari come risposta ai bisogni delle persone non autosufficienti e in condizioni di fragilità. Tale articolo è relativo all'erogazione di prestazioni sanitarie a domicilio, prevalentemente di tipo infermieristico e riabilitativo, riguardo alla condotta clinica del medico di medicina generale.

L'Integrazione si riferisce ai processi di interazione tra le diverse professionalità sanitarie (in origine il medico di famiglia con l'infermiere del distretto). La platea dei professionisti coinvolti si è progressivamente allargata e qualificata, includendo figure specializzate quali terapisti per la riabilitazione o geriatri. Alle cure domiciliari si accede in ogni caso previa valutazione multidimensionale del bisogno ed elaborazione del Progetto Assistenziale Individuale.

Diventa sempre più rilevante l'integrazione dei diversi livelli di ADI con le opportunità offerte dalla telemedicina e teleassistenza, così come l'interazione con le prestazioni di specialistica territoriale, anche attraverso il teleconsulto, e l'interazione con le attività di assistenza e tutela.

Esistono svariate attività sanitarie svolte a domicilio che presentano anche elevate complessità organizzative, ma che non sono centrate sui servizi di assistenza domiciliare perché nascono come delle *'terapie ospedaliere svolte a domicilio'*. Si tratta di un filone sanitario nato ormai da molti decenni che evolve 'a salti', seguendo i progressi delle tecnologie sanitarie, della fisica e dell'ingegneria, della capacità di condotta, sorveglianza e monitoraggio da remoto. A volte queste terapie a domicilio incrociano anche i servizi domiciliari, a seconda del decorso delle patologie e delle condizioni di autonomia delle persone e delle loro famiglie.

Sul piano normativo non esiste ancora un'attività stabile e riconosciuta di *Cure domiciliari di lungo termine* per persone anziane non autosufficienti. Nel DPCM 'Nuovi LEA' sono normati quattro livelli di cure domiciliari in base alla complessità dei bisogni sanitari ed all'intensità della risposta assistenziale. Probabilmente per la sanità la tipologia più indicata potrebbe essere quella dell'ADI di 3° livello, ovvero la *continuità assistenziale e interventi programmati caratterizzati, anche per la necessità di fornire supporto alla famiglia e/o al caregiver*. Tuttavia, nella stragrande maggioranza dei casi non è prevista l'attivazione reale delle prestazioni di aiuto infermieristico e assistenza tutelare professionale alla persona (per il 50% a carico della sanità), servizi che invece rivestono un ruolo essenziale nell'assistenza di lungo periodo. A questo si aggiunge la totale 'frammentazione episodica' delle interazioni con le attività domiciliari sociali a carico delle amministrazioni comunali, che in un quadro nazionale continuano a presentare livelli di integrazione bassi, fragili ed estemporanei (al netto di eccezioni locali).

Assistenza

Nel caso delle persone anziane non autosufficienti le cure domiciliari si trovano ad assistere persone che assommano a patologie, molto spesso di tipo cronico, anche ridotte capacità di svolgere in autonomia le attività della vita quotidiana (ADL). È questo il punto essenziale che occorre affrontare per costruire una qualsiasi prospettiva fondata relativa alle cure domiciliari di lungo termine. Nel caso delle persone anziane non autosufficienti non è possibile pensare la domiciliarità se non in termini analoghi a quelli della cosiddetta 'lungo assistenza', che l'art. 30 dello stesso DPCM 'Nuovi LEA' del 2017 disciplina per l'assistenza sociosanitaria residenziale specifica le persone non autosufficienti.

L'assistenza alle attività della vita quotidiana rappresenta l'elemento indispensabile che consente alle persone anziane non autosufficienti di restare a casa e fruire delle prestazioni di cura che richiedono. Al pari delle prestazioni di cura, anche le attività di assistenza possono presentare intensità e complessità differenti; così come possono variare nel tempo per diversi fattori dovuti a eventuali decorsi patologici, alle condizioni abitative, alle capacità della rete familiare o amicale e comunitaria. Va anche sottolineato che è possibile rispondere alle varie intensità e modalità di assistenza alla persona sia con attività professionali che con modalità non professionali, a seconda dei diversi livelli di assistenza richiesti. Al riguardo, si segnala come nell'ambito del citato D.lgs. 29/2024 sia stata prevista, all'articolo 29, la predisposizione di apposite linee di indirizzo nazionali per l'integrazione operativa degli interventi sociali e sanitari previsti nei servizi di cura e assistenza domiciliari e per l'adozione di un approccio continuativo e multidimensionale della presa in carico della persona anziana, anche non autosufficiente e della sua famiglia anche attraverso strumenti digitali. Tale documento è finalizzato a configurare un modello orientato a favorire interventi sanitari, sociosanitari e sociali integrati inseriti nella rete territoriale attraverso una regia condivisa.

Tutela

La funzione pubblica fondamentale di 'Assistenza Sociale' è di competenza comunale, mentre le regioni hanno competenze organizzative e di programmazione, ed il livello statale ha competenze sui Livelli Essenziali delle Prestazioni Sociali (LEPS) e sul loro finanziamento e pianificazione. La funzione è regolata, attuata e finanziata da ogni comune, e può essere esercitata in forma singola o associata con altre amministrazioni locali. L'Ambito Territoriale Sociale (ATS) è la porzione di territorio in cui programmare l'esercizio della funzione attraverso il Piano di zona, e nella maggior parte dei casi la sua perimetrazione comprende più amministrazioni locali (circa 7 896 comuni – circa 610 ATS). All'ATS, inoltre, sono attribuite le seguenti funzioni:

- coordinamento e governance del sistema integrato di interventi e servizi sociali;
- pianificazione e programmazione degli interventi in base ad una analisi dei bisogni;
- erogazione degli interventi e dei servizi;
- gestione del personale nelle diverse forme associative adottate.

L'articolo 19 del DM 95/2012, convertito dalla L.135/2012, ha individuato le funzioni fondamentali dei comuni ai sensi dell'articolo 117 e 118, della Costituzione. In particolare, l'art. 19 specifica quale funzione fondamentale dei Comuni la 'progettazione e gestione del sistema locale dei servizi sociali e l'erogazione delle relative prestazioni ai cittadini'.

Tale erogazione rappresenta il punto focale della dimensione attuativa della funzione. Di norma l'accesso ai servizi sociali comunali è condizionato sia alla prova dei mezzi (ISEE) sia alla valutazione dei bisogni di protezione, assistenza, sostegno e supporto sociale, che derivano dalle condizioni della persona, della sua famiglia, delle reti formali e informali di riferimento. Il carattere di 'tutela' della funzione pubblica di Assistenza Sociale si esplica appunto in questo filtro di accesso, che concentra le azioni pubbliche sulle persone e sui nuclei familiari in maggiore difficoltà per contribuire a recuperare gradi di autonomia rispetto alle disuguaglianze economiche, sociali, lavorative, abitative, della formazione, dell'istruzione, coniugate con i caratteri funzionali e bio-psico-sociali individuali. Per le persone anziane non autosufficienti, l'eventuale condizione di vulnerabilità sociale propria o del nucleo familiare di riferimento, può compromettere in modo significativo la possibilità di svolgere assistenze domiciliari appropriate ed efficaci.

Il Decreto Ministeriale 'Sistema di monitoraggio dei livelli essenziali delle prestazioni' previsto dall'art. 23 del D.Lgs. 29/2024 definisce il sistema di monitoraggio e le relative modalità di funzionamento, nonché gli indicatori specifici per la verifica dello stato di attuazione sull'erogazione dei Livelli Essenziali delle Prestazioni Sociali (LEPS). Nello specifico, il monitoraggio relativo allo stato di attuazione dei LEPS, così come individuati dall'articolo 1, commi 162, lett. a), b) e c),163 e 164 della legge 30 dicembre 2021, n. 234, ha come oggetto le seguenti aree di intervento:

- assistenza domiciliare sociale e dell'assistenza sociale integrata anche con i servizi sanitari
- servizi sociali di sollievo
- servizi sociali di supporto
- contributi economici (ad integrazione dell'indennità di accompagnamento).

1.2.2. L'erogazione dei servizi in pratica

Esiste un elevato bisogno di servizi sociosanitari su tutto il territorio nazionale che i servizi formali di assistenza sociosanitaria disponibili non riescono a soddisfare completamente. La limitata disponibilità di dati aggiunge un'ulteriore potenziale barriera alla rilevanza dei servizi offerti.

I servizi di assistenza sociosanitaria soddisfano solo in parte la domanda

Sebbene la quasi totalità delle persone di età pari o superiore ai 65 anni con almeno una limitazione nelle ADL e IADL dichiari di ricevere aiuto (rispettivamente il 99.3% e il 98%), la maggior parte di esse riceve assistenza informale da parte di familiari, conoscenti, amici o assistenti personali (Tabella 1.1).

Tabella 1.1. I servizi informali rappresentano la principale forma di assistenza per anziani con limitazioni che impediscono loro di svolgere attività abituali (i.e. non autosufficienti)

Percentuale di anziani con una o più limitazioni in ADL e IADL che ricevono servizi di assistenza formali e informali, 2023-24

Tipo di assistenza ricevuta	Anziani con almeno una limitazione in ADL	Anziani con almeno una limitazione in IADL
Familiari	95,4%	94,5%
Conoscenti, amici	12.2%	15,0%
Associazioni di volontariato	2,4%	1,2%
Persona individuata e pagata in proprio (e.g. badante)	37,0%	23,6%
Assistenza a domicilio da parte di operatori del servizio pubblico es. AUSL, Comune	11,8%	2,8%
Assistenza presso centro diurno	2,4%	0,4%
Contributi economici (es. assegno di cura, accompagnamento)	21,6%	6,6%

Note: La somma degli anziani con almeno una limitazione in ADL che accedono ai servizi elencati è superiore al 100% in quanto i servizi non sono tra loro esclusivi (ad esempio, una persona non autosufficiente può accedere a servizi di assistenza a domicilio e ricevere assistenza informale da parte di familiari e assistenti personali a pagamento).
Fonte: Istituto Superiore di Sanità (2025[4]), Passi d'argento, https://www.epicentro.iss.it/passi-argento/dati/fragili.

Nel 2023, il Ministero della Salute ha registrato più di 1.6 milioni di casi trattati in ADI, di cui i tre quarti sono relativi ad anziani (65+)[2].

L'intensità dei servizi di ADI spesso non permette di fornire un adeguato supporto a persone non autosufficienti. In base ai dati pubblicati dal Ministero della Salute, in media nel 2023 ogni anziano non autosufficiente assistito tramite ADI ha ricevuto 14 ore di assistenza all'anno, 9 delle quali vengono erogate da personale infermieristico, 3 da terapisti della riabilitazione e 2 da altri operatori. Tali ore corrispondono a 9 accessi – in media – per caso trattato, a cui vanno aggiunti 2 accessi del personale medico[3].

L'accesso ai Servizi di Assistenza Domiciliare (SAD) offerti dai Comuni è ancora più limitato di quello dell'ADI. A livello nazionale, nel 2022, il 5% e l'1.4% delle persone con disabilità ha ricevuto rispettivamente servizi di assistenza domiciliare socioassistenziale e assistenza domiciliare integrata con servizi sanitari. Tra le persone di età pari o superiore ai 65 anni, rispettivamente l'1% e lo 0,5% ha ricevuto servizi di assistenza domiciliare socioassistenziale e assistenza domiciliare integrata con servizi sanitari (ISTAT, 2020[5]). Per sopperire a tale carenza di supporto pubblico per persone non autosufficienti, in Italia vi sono più di 1.1 milioni di assistenti personali (regolari e non regolari) nel 2021, in base alle stime di (CERGAS Bocconi, 2023[6]).

Nel 2024, la spesa corrente per l'assistenza sanitaria della popolazione è stata di 185.1 miliardi di Euro, di cui il 74.3% finanziato dalla pubblica amministrazione ed il 22.3% di spesa diretta delle famiglie (ISTAT, 2025[7]). Solamente il 2.5% di tale spesa – pari a 4.6 miliardi di Euro – è relativa ad assistenza domiciliare per cura e riabilitazione ed assistenza domiciliare di lunga durata. Il 91% della spesa per assistenza domiciliare è finanziato dalla pubblica amministrazione ed il 6% rappresenta spesa diretta delle famiglie .

Nel 2022, i Comuni hanno speso 281.2 e 61.3 milioni di Euro per servizi di assistenza domiciliare socio-assistenziale ed assistenza domiciliare integrata con i servizi sanitari, rispettivamente. Tali importi corrispondono al 3.2% ed allo 0.7% della spesa complessiva annuale dei Comuni. La spesa media annuale per utente del servizio è stata pari a 2096 e 793 Euro, rispettivamente (ISTAT, 2025[8]).

Il sistema di dati e di monitoraggio presenta lacune

Mentre esistono dati sulla non autosufficienza e sulle persone assistite attraverso l'ADI o attraverso il SAD, non vi è una base dati che correla specificamente le persone non autosufficienti assistite in ADI e/o SAD. Questa lacuna informativa rappresenta un ostacolo significativo per una pianificazione e valutazione efficace delle politiche di assistenza per la popolazione non autosufficiente.

Inoltre, i dati disponibili tendono a concentrarsi prevalentemente sulla copertura dei servizi, piuttosto che sull'intensità o la qualità e l'appropriatezza dell'assistenza. Le informazioni sono spesso ottenute tramite indagini *ad hoc*, che possono essere campionarie e richiedono tempi di latenza e elaborazione significativi. Questa pratica limita la loro utilità per la programmazione e la valutazione dei servizi. In aggiunta, l'attuale sistema di raccolta e monitoraggio dei dati offre una prospettiva focalizzata sulle prestazioni, senza fornire una visione integrata del percorso assistenziale. Tutto ciò evidenzia la necessità di rafforzare e modernizzare il sistema di dati e di monitoraggio, affinché possa meglio informare le politiche e le strategie nel campo dell'assistenza agli anziani.

Bibliografia

CERGAS Bocconi (2023), *Il personale come fattore critico di qualità per il settore Long Term Care*, https://cergas.unibocconi.eu/sites/default/files/media/attach/Def_5%20Rapporto%20OLTC.pdf?VersionId=nBCtXf8Sb8l.5ue0Ksy5vUcrNiVTCJvl (accessed on 2 November 2023). [6]

ISTAT (2025), *Conti della sanità.* [7]

ISTAT (2025), *Rapporto annuale 2025. La situazione del Paese.* [3]

ISTAT (2025), *Spesa per servizi dei comuni.* [8]

ISTAT (2023), *Disabilità in cifre*, https://disabilitaincifre.istat.it/dawinciMD.jsp?a1=u2i4W000GaG&a2=__&n=$$$1$$$$$$$&o=5L&p=0&sp=null&l=0&exp=0 (accessed on 2023). [1]

ISTAT (2020), *Interventi e servizi sociali dei comuni*, http://dati.istat.it/viewhtml.aspx?il=blank&vh=0000&vf=0&vcq=1100&graph=0&view-metadata=1&lang=it&QueryId=22823&metadata=DCIS_SPESESERSOC1. [5]

Istituto Superiore di Sanità (2025), *Passi d'argento*, https://www.epicentro.iss.it/passi-argento/dati/fragili. [4]

United Nations, Department of Economic and Social Affairs, Population Division (2024), *World Population Prospects 2024.* [2]

Note

[1] L'analisi esclude la popolazione istituzionalizzata, ovvero persone anziane ospedalizzate o residenti in Residenza Sanitaria Assistenziale (RSA), Residenza Sociosanitaria Assistenziale (RSSA) o Case di riposo.

[2] Il dato si riferisce a tutta la popolazione di età pari o superiore ai 65 anni, con e senza limitazioni nell'autosufficienza.

[3] Tali accessi non contribuiscono al conteggio del numero medio di ore per assistito.

2 Il modello di analisi dell'integrazione

Questo capitolo definisce un modello di analisi dell'integrazione. Inizia esaminando diversi modelli di integrazione – dal collegamento alla piena integrazione (accorpamento). Introduce poi il quadro di riferimento applicato in questo rapporto, che combina tre prospettive. In primo luogo, identifica le principali aree di policy rilevanti per l'integrazione: governance, forza lavoro, sistemi informativi e strumenti per l'erogazione delle cure domiciliari. In secondo luogo, considera le dimensioni dell'integrazione – istituzionale, programmatoria, professionale, manageriale e comunitaria – attraverso cui queste aree possono essere organizzate. In terzo luogo, analizza la tipologia di interventi e servizi domiciliari, distinguendo tra cura, assistenza e tutela. Queste prospettive forniscono uno strumento strutturato per analizzare il sistema italiano e confrontarlo con le esperienze internazionali.

La crescita significativa nella prevalenza di condizioni croniche tra la popolazione ha accresciuto la necessità di realizzare un sistema integrato di cura per la persona non autosufficiente. Nel dibattito italiano il concetto di integrazione tra sistema sanitario e servizi sociali rappresenta la chiave di volta per politiche in grado di riorganizzare i servizi esistenti, arginando la frammentazione e la carenza di coordinamento. Una maggiore consapevolezza sull'influenza dei fattori sociali sulla salute ha portato a identificare nell'integrazione sociosanitaria lo strumento per mettere in pratica un rinnovato approccio all'assistenza capace di rispondere ai bisogni multidimensionali e complessi della popolazione non autosufficiente.

A livello internazionale si osservano molteplici definizioni e modelli di "assistenza integrata". L'Organizzazione Mondiale della Sanità la definisce "un approccio volto a rafforzare i sistemi sanitari mettendo al centro le esigenze della persona attraverso l'offerta di servizi di qualità lungo tutto l'arco della vita, disegnati sulla base ai bisogni multidimensionali della popolazione ed erogati da équipe multidisciplinari". Diversi paesi hanno sviluppato modelli di gestione della salute pubblica e delle cure croniche miranti a migliorare la qualità dei servizi di assistenza ed il benessere della popolazione. Le evidenze sull'impatto positivo di tali modelli di assistenza integrata in termini di miglioramento dell'accesso ai servizi e di soddisfazione degli utenti sono sempre più solide e numerose. Inoltre, alcune esperienze dimostrano come l'assistenza integrata permetta di migliorare l'appropriatezza dell'intervento, ridurre il ricorso al ricovero ospedaliero e preservare l'autonomia della persona, garantendone il benessere complessivo.

2.1. Diversi modelli di integrazione

Negli ultimi anni l'integrazione dei servizi pubblici – e in particolare dei servizi sanitari e sociali – è divenuta una priorità di policy in molti paesi OCSE. Emergono modelli diversi, che vanno da approcci parzialmente integrati a soluzioni pienamente integrate.

La letteratura indica che collegare o "mettere in rete" i servizi per migliorare l'accesso e l'esperienza degli utenti può generare notevoli guadagni di efficienza ed efficacia, soprattutto per le persone con bisogni multipli e complessi. L'elevata specializzazione dei servizi può rendere difficile ottenere la combinazione e sequenza di prestazioni più adatte ai bisogni complessi degli utenti.

L'idea di integrare i servizi per superare la frammentazione nasce principalmente in ambito sanitario, ma modelli e definizioni sono ormai applicati anche ai sistemi sociali, ad aree di confine tra sanità e assistenza sociale, ma anche ad ulteriori aree quali l'educazione ed i sevizi per l'impiego (OECD, 2023[1]).

I modelli di integrazione all'interno di sistemi e tra sistemi sono spesso multidimensionali ed includono vari elementi – come il case management, percorsi di presa in carico integrati, modifiche alle prassi di lavoro, cambi nei sistemi organizzativi, di governance e finanziari. Il rapporto OCSE *Integrating Social Services for Vulnerable Groups* (OECD, 2015[2]) distingue integrazione orizzontale – la più comune in Europa, che riunisce soggetti di settori o enti diversi per rispondere ai bisogni degli utenti – e integrazione verticale, che mira a unire governance e finanziamento su più livelli di servizio (dalla cooperazione intergovernativa al coordinamento tra servizi residenziali, domiciliari e territoriali a livello micro). Nel caso specifico di persone anziane, si riferisce al modello di Leutz (1999[3]), che distingue tra:

- Piena integrazione (accorpamento): Messa in comune di risorse organizzative e finanziarie provenienti da settori diversi, all'interno di una struttura unica o tramite accordi contrattuali, con obiettivi condivisi.
- Coordinamento: Strutture esplicite per facilitare l'erogazione delle cure tra settori distinti, ad esempio tramite la pianificazione delle dimissioni, il case management o la condivisione di informazioni.
- Collegamento: Integrazione minima tra servizi sanitari e sociali separati, ciascuno con responsabilità, finanziamenti e regole proprie.

Tali modelli sono equiparabili al "ricongiungimento", "ricomposizione" e "rammendo" nella lettura di Caiolfa (2022[4]).

2.2. Il modello di analisi

Mettere le persone al centro dell'assistenza richiede di offrire una gamma di servizi in linea con le esigenze individuali e di garantire transizioni fluide tra strutture istituzionali, comunitarie e domiciliari. I servizi di assistenza a lungo termine ben integrati con l'assistenza sanitaria non solo migliorano la qualità della vita e i risultati sanitari, ma migliorano anche il rapporto costi-benefici e contribuiscono a ridurre la pressione sugli ospedali e sulle altre strutture sanitarie.

Questo progetto si concentra specificamente sull'integrazione dei servizi socio-sanitari di assistenza domiciliare per gli anziani non autosufficienti. L'assistenza domiciliare rappresenta una componente di un più ampio *continuum* di assistenza integrata, che comprende anche servizi ospedalieri, residenziali e semi-residenziali ed assistenza specialistica.

Il modello di analisi dell'integrazione utilizzato in questo progetto si basa su un impianto di riferimento che vede l'incrocio di tre gruppi di elementi:

- Il supporto ed i servizi di cure domiciliari disponibili
- Le aree di policy
- Le dimensioni dell'integrazione.

L'insieme di questi tre gruppi di elementi compone un quadro sia analitico che costruttivo in grado di delineare la prospettiva della composizione di un welfare territoriale innovativo (Figura 2.1).

Figura 2.1. Il modello di analisi del grado di integrazione delle cure domiciliari

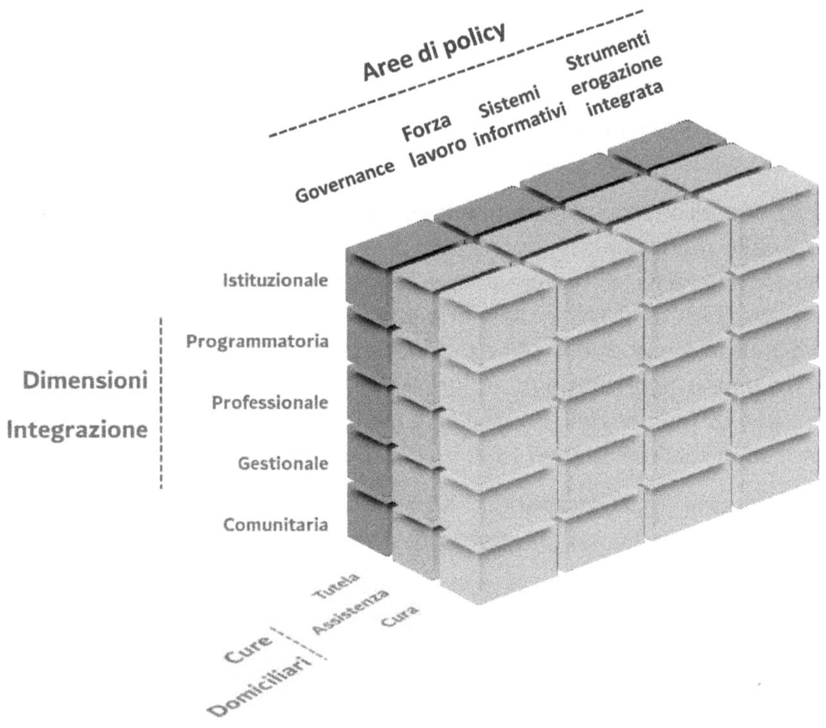

2.2.1. Aree di policy

Data la complessità dell'argomento, si è scelto di articolare l'analisi attorno a quattro aree di policy: la governance, la forza lavoro, i dati e i sistemi informativi e l'erogazione dei servizi. Ciascuna di queste aree rappresenta un tassello essenziale nel mosaico di pratiche, politiche e servizi che compongono quell'universo chiamato "cure integrate".

Un modello efficace di governance per l'integrazione sociosanitaria deve basarsi su una stretta cooperazione tra i vari livelli istituzionali, con l'obiettivo di garantire una programmazione e una gestione unitaria dei servizi sanitari e sociali. Il principio guida in quest'area è la creazione di una governance multilivello integrata che permetta una gestione efficace e sinergica delle risorse a livello locale e nazionale, superando la frammentazione attuale. Le azioni proposte includono la formalizzazione della collaborazione tra Distretti Sanitari e Ambiti Territoriali Sociali, attraverso l'elaborazione congiunta dei Programmi di Attività Territoriali (PAT) e dei Piani di Zona (PdZ). In questo modo, si favorisce l'allineamento della pianificazione e l'implementazione di un approccio integrato anche ai servizi domiciliari.

L'integrazione sociosanitaria non può realizzarsi senza una forza lavoro adeguatamente formata e valorizzata. Il principio guida in quest'area è la creazione di un ambiente di lavoro interdisciplinare, che riconosca l'importanza sia del settore formale che informale di assistenza. Una delle sfide più importanti per l'integrazione sociosanitaria è la formazione continua per i diversi attori coinvolti, tra cui infermieri, assistenti sociali e caregiver familiari. La proposta chiave è l'istituzione di percorsi formativi comuni e obbligatori per le équipe multidisciplinari, che rafforzino le competenze trasversali necessarie per lavorare in un contesto integrato. La formazione deve anche includere l'utilizzo di strumenti tecnologici e digitali, così da facilitare la condivisione delle informazioni tra i vari professionisti. Inoltre, è fondamentale valorizzare il contributo degli assistenti informali (come i caregiver familiari), offrendo loro supporto formativo e assistenziale. È proprio in tal senso, che nell'ambito del D.Lgs. 29/2024 è prevista l'adozione di apposite linee guida per la definizione di modalità omogenee per l'attuazione di percorsi formativi, alle quali le regioni possono fare riferimento, nell'ambito della propria autonomia, per il raggiungimento di standard formativi uniformi su tutto il territorio nazionale. Con l'attuazione di tale previsione normativa si mira a migliorare, anche attraverso la graduazione dei bisogni, e rendere omogenea l'offerta formativa per le professioni di cura, nonché definire le modalità per l'acquisizione della qualificazione professionale di assistente familiare.

Un'integrazione sociosanitaria efficace necessita di sistemi informativi interoperabili che permettano la condivisione delle informazioni tra i vari attori coinvolti. Il principio guida in quest'area è l'interoperabilità dei sistemi informativi sanitari e sociali, che consente di monitorare i bisogni e gli interventi in tempo reale, riducendo la duplicazione di sforzi e migliorando la qualità dell'assistenza. Attualmente, in Italia esistono sistemi informativi separati per la gestione dei servizi sanitari e sociali, rendendo complessa la condivisione dei dati. La proposta centrale è lo sviluppo di una piattaforma integrata dei sistemi informativi già esistenti, garantendo l'accesso ai dati da parte di tutte le figure professionali coinvolte nel percorso di cura. Tale piattaforma deve essere accompagnata da una regolamentazione chiara sulla protezione dei dati e sull'accesso alle informazioni, per garantire la sicurezza e la privacy degli utenti. . Al riguardo, si fa presente che tra i criteri direttivi cui si ispira l'attuazione della legge 23 marzo 2023, n. 33 è previsto il "rafforzamento dell'integrazione e dell'interoperabilità dei sistemi informativi degli enti e delle amministrazioni competenti nell'ambito dei vigenti programmi di potenziamento delle infrastrutture e delle reti informatiche, anche valorizzando dati ed evidenze generati dai cittadini, nonché' dati risultanti da indagini, studi e ricerche condotti da enti del Terzo settore". Tale principio è stato recepito nel D.lgs. 29/2024 e prevede che "il Ministero del lavoro e delle politiche sociali, il Ministero della salute, l'Autorità politica delegata in materia di disabilità, l'INPS, le regioni e le province autonome, i comuni e gli ATS favoriscono l'interoperabilità dei propri sistemi informatici, nel rispetto delle linee guida sull'interoperabilità tecnica delle pubbliche amministrazioni, adottate dall'Agenzia per l'Italia digitale (AGID), e delle linee guida definite dall'Agenzia nazionale per la sanità digitale (ASD)". Con ciò si mira a favorire la semplificazione e l'integrazione delle procedure di accertamento e valutazione della condizione di persona anziana non autosufficiente, che trova ulteriore realizzazione nell'ambito dell'articolo 28, comma 5, del citato D.Lgs. 29/2024, ove è prevista la definizione delle modalità di condivisione delle banche dati alimentate da elementi o risultanze, che a qualunque titolo, entrano nel procedimento di accertamento e valutazione di base, nonché la raccolta dei dati, delle comunicazioni e delle informazioni relative alla conclusione dello stesso.

L'erogazione dei servizi domiciliari per le persone non autosufficienti deve seguire un percorso ben definito che preveda un'assistenza integrata, continuativa e personalizzata. Il principio guida in quest'area è la creazione di un percorso assistenziale integrato che unisca tutti i servizi sanitari e sociali necessari, con una valutazione multidimensionale dei bisogni del paziente. Le azioni proposte includono l'istituzione di un Punto Unico di Accesso (PUA) in ogni territorio, che faciliti l'orientamento e la presa in carico delle persone non autosufficienti. I PUA devono essere in grado di gestire la valutazione iniziale e indirizzare i pazienti verso le équipe multidisciplinari competenti, le quali saranno responsabili dell'elaborazione e del monitoraggio del Progetto Assistenziale Individualizzato (PAI). Il PAI deve essere aggiornato regolarmente in base all'evoluzione delle condizioni del paziente, assicurando così che l'assistenza sia sempre appropriata ai bisogni specifici.

2.2.2. Dimensioni dell'integrazione

Le funzioni pubbliche fondamentali di 'Assistenza Sanitaria' e di 'Assistenza sociale' sono caratterizzate da profonde asimmetrie costitutive che ne condizionano le possibilità di integrazione, una condizione strutturale con cui si confrontano le innumerevoli esperienze locali basate sull'incontro di buone volontà spontanee. Il punto decisivo è rappresentato dalla trasformazione di questi incontri volontaristici in assetti di integrazione che siano invece permanenti, riconoscibili, coerenti e diffusi in tutto il territorio nazionale. Rispetto agli elementi di base che caratterizzano queste asimmetrie, è possibile individuare delle dimensioni su cui fare perno per tentare di riallineare le interazioni tra sanitario e sociale, cercando di renderle stabili e continuative:

- Istituzionale: Forme strutturate di coinvolgimento e co-decisione dei livelli istituzional regionali, aziendali, comunali.
- Programmatoria e direzionale: Strumenti unitari di programmazione per gli ambiti sociosanitari; forme di condivisione delle funzioni direzionali.
- Organizzativa e gestionale: Forme organizzative condivise e comuni tra sanitario e sociale; produzione di servizi con prestazioni sanitarie e prestazioni sociali; forme di condivisione delle risorse.
- Multiprofessionale: Processi assistenziali integrati con strumenti e modalità organizzative comuni.
- Comunitaria: Modalità partecipative in ambito sociosanitario; attivazione di reti comunitarie di prossimità; utilizzo degli istituti dell'Amministrazione Condivisa.

La riforma costituzionale del 2001 impone di declinare l'esercizio delle funzioni fondamentali secondo l'articolazione verticale dei poteri amministrativi di livello statale, regionale e comunale. Aspetto a sua volta decisivo per l'integrazione se si considera che la funzione di 'assistenza sanitaria' è di competenza regionale e la funzione di 'assistenza sciale' è di competenza comunale, mentre al livello statale spetta la definizione dei LEA sanitari e dei LEP sociali. Per queste ragioni non è possibile proporre una visione sistemica e strutturata dell'integrazione se non in una logica istituzionale multilivello che trova la sua base operativa nell'azione territoriale coordinata tra Distretto sanitario e Ambito sociale territoriale.

2.2.3. Cure domiciliari

L'analisi dell'integrazione dell'assistenza sociosanitaria rivolta alle persone anziane non autosufficienti richiede di considerare congiuntamente le tre dimensioni fondamentali di cura, assistenza e tutela. Tali dimensioni rappresentano funzioni distinte, riconducibili a diversi ambiti normativi e istituzionali, ma sono profondamente interdipendenti nella concreta configurazione dei bisogni e dei percorsi di presa in carico. La cura fa riferimento principalmente a prestazioni sanitarie a domicilio, prevalentemente di tipo infermieristico e riabilitativo; l'assistenza include il sostegno (con varie modalità ed intensità) alle attività essenziali della vita quotidiana, necessario per garantire la permanenza a domicilio; la tutela riguarda i bisogni di protezione, assistenza, sostegno e supporto sociale, fondamentali per garantire equità ed effettività nell'erogazione dei servizi (vedere il capitolo precedente per una descrizione del sistema italiano). L'adozione di una prospettiva integrata consente di cogliere la natura multidimensionale della non autosufficienza e di valutare la capacità di attivare risposte coordinate.

Bibliografia

Caiolfa, M. (2022), *Il Sistema Nazionale Anziani: unagovernance multilivello per la nonautosufficienza*. [4]

Leutz, W. (1999), "Five Laws for Integrating Medical and Social Services: Lessons from the United States and the United Kingdom", *The Milbank Quarterly*, Vol. 77/1, pp. 77-110, https://doi.org/10.1111/1468-0009.00125. [3]

OECD (2023), "Integrating local services for individuals in vulnerable situations", *OECD Local Economic and Employment Development (LEED) Papers*, No. 2023/08, OECD Publishing, Paris, https://doi.org/10.1787/1596644b-en. [1]

OECD (2015), *Integrating Social Services for Vulnerable Groups: Bridging Sectors for Better Service Delivery*, OECD Publishing, Paris, https://doi.org/10.1787/9789264233775-en. [2]

3 L'integrazione sociosanitaria nelle esperienze internazionali

Questo capitolo esamina le esperienze internazionali di integrazione sociosanitaria. In primo luogo, delinea i quadri normativi e di policy per i servizi per le persone non autosufficienti nei paesi OCSE. Successivamente, esamina i modelli di governance che promuovono un maggiore allineamento tra assistenza sanitaria e sociale. Una serie di casi di studio – Giappone, Inghilterra (Regno Unito), Danimarca, Australia e Paesi Baschi (Spagna) – fornisce esempi concreti di diversi approcci all'integrazione, coprendo aspetti quali accordi di governance, interventi e soggetti erogatori, sistemi informativi e interoperabilità, risorse e trasferibilità. Il capitolo si conclude identificando le caratteristiche chiave di un'integrazione di successo e traendo insegnamenti potenzialmente rilevanti per l'Italia.

L'integrazione dei servizi sociosanitari per persone non autosufficienti è un tema complesso e attualmente centrale in molti paesi OCSE e nelle politiche dell'Unione Europea. Numerose normative e riforme si sono succedute a livello internazionale negli scorsi decenni per estendere la copertura, migliorare la qualità, garantire la sostenibilità e favorire l'integrazione dei servizi rivolti alle persone non autosufficienti. Sebbene questi interventi condividano obiettivi simili, le loro caratteristiche dipendono da diversi fattori, come le risorse disponibili, la popolazione target, i modelli adottati, gli obiettivi definiti e le condizioni locali. Per comprendere pienamente le sfide e le opportunità dell'integrazione sociosanitaria in Italia, può essere utile rivolgere lo sguardo alle esperienze internazionali e capirne il contesto, le misure, le sfide e i successi.

3.1. I servizi per la non autosufficienza: quadro normativo e di *policy* a livello internazionale

A livello internazionale, l'accesso all'assistenza a lungo termine (*Long-Term Care, LTC)* è riconosciuto come una componente essenziale della protezione sociale e dei sistemi sanitari universali (ILO, 2022[1]; WHO, 2015[2]). Coerentemente, nel contesto dell'Agenda 2030 per lo sviluppo sostenibile, il Target 3.8 mira a garantire copertura sanitaria universale, comprensiva di servizi essenziali di assistenza, mentre il Target 5.4 promuove il riconoscimento del lavoro di cura non retribuito e lo sviluppo di servizi di cura pubblici accessibili (United Nations, 2015[3]). Nel contempo, non esiste ancora una definizione internazionalmente condivisa di persone non autosufficienti.

Nel quadro ONU, la Convenzione sui diritti delle persone con disabilità obbliga gli Stati a predisporre misure di sostegno domiciliare e comunitario anche per anziani non autosufficienti (United Nations, 2006[4]). Il Decennio ONU per l'invecchiamento sano 2021–30, promosso da ONU e Organizzazione Mondiale della Sanità (OMS), sollecita sistemi LTC integrati basati su valutazione multidimensionale dei bisogni, personalizzazione degli interventi e coinvolgimento della rete familiare e comunitaria (WHO, 2020[5]). In tale contesto, il modello *Integrated Care for Older People* (ICOPE), elaborato dall'OMS, fornisce un approccio operativo basato su evidenza per fornire cure integrate a livello primario e comunitario, prevedendo piani di intervento coordinati tra servizi sanitari e sociali e supporto ai caregiver (WHO, 2017[6]; 2019[7]).

Sul fronte della protezione sociale, l'Organizzazione Internazionale del Lavoro ha incluso l'assistenza a lungo termine tra i diritti sociali fondamentali nella Raccomandazione n. 202 (ILO, 2012[8]). Il rapporto *Care at work* rileva lacune rilevanti in termini di accessibilità, qualità dei servizi e condizioni lavorative del personale di cura, richiamando la necessità di investimenti pubblici adeguati e la definizione di standard minimi di copertura e qualità (ILO, 2022[1]).

Nel contesto dell'Unione Europea (UE), il Pilastro Europeo dei Diritti Sociali afferma nel suo principio 18 il diritto a servizi LTC di qualità e a condizioni finanziarie sostenibili per gli utenti, in particolare assistenza domiciliare e servizi basati sulla comunità (European Commission, 2017[9]). Poiché la cura è di competenza degli Stati membri, l'UE li sostiene attraverso normative come la direttiva sull'equilibrio tra lavoro e vita privata, e con orientamenti, finanziamenti, monitoraggio e analisi. La Strategia Europea per l'Assistenza definisce una visione per trasformare l'assistenza al fine di garantire servizi di qualità, convenienti e accessibili e migliorare la situazione sia per i destinatari che per le persone che se ne prendono cura a livello professionale o informale (European Commission, 2022[10]). Parallelamente, la Raccomandazione del Consiglio UE sui servizi LTC raccomanda agli Stati membri di stabilire standard di alta qualità per tutte le strutture di LTC e di garantire condizioni di lavoro eque per gli operatori sanitari, compresi i salari, promuovendo il dialogo sociale e la contrattazione collettiva (Council of the European Union, 2022[11]). Per far fronte alle esigenze di competenze e alle carenze di forza lavoro, gli Stati membri dovrebbero anche migliorare l'istruzione e la formazione iniziale e continua, costruire percorsi di carriera attraverso la riqualificazione e il miglioramento delle competenze, stabilire percorsi verso uno status occupazionale regolare per i lavoratori LTC non dichiarati, esplorare percorsi di migrazione legale per i lavoratori LTC e rendere la professione attraente sia per gli uomini che per le donne. Strumenti quali il Semestre europeo e i Piani di Ripresa e Resilienza (*NextGenerationEU*) integrano questi principi, fungendo da leve per investimenti e riforme nel settore (European Commission, n.d.[12]).

3.2. Verso una maggiore integrazione dei servizi sociosanitari: Modelli di governance nei paesi OCSE

Molti paesi OCSE affrontano sfide comuni: frammentazione dei servizi, copertura domiciliare limitata, carenza di personale formato e questioni di sostenibilità finanziaria. Le persone con limiti all'autosufficienza ricevono un mix di servizi prevalentemente sanitari e di servizi prevalentemente sociali e la loro erogazione è spesso scarsamente integrata. Anche la governance di tali servizi è quindi spesso divisa tra il Ministero della Salute e il Ministero delle Politiche Sociali e la responsabilità è spesso condivisa tra governo centrale ed enti locali. Gli enti locali inoltre spesso ricoprono il ruolo principale nell'erogazione dei servizi (OECD, 2022[13]). L'importante ruolo del settore informale (i.e. caregivers familiari e assistenti personali) e la scarsa integrazione dei sistemi informativi rappresentano ulteriori difficoltà condivise da molti paesi OCSE.

Un numero crescente di paesi OCSE sta attuando misure per migliorare l'integrazione dei servizi sociali e sanitari. Finlandia, Regno Unito, Slovenia e Spagna, ad esempio, stanno attualmente attraversando un lungo processo di riforma dei servizi sanitari e sociali. Una maggiore integrazione dei servizi sociosanitari richiede che si migliori l'integrazione a livello politico-istituzionale, organizzativo, funzionale ed operativo/assistenziale. Tra le misure più frequentemente attuate in paesi OCSE, vi sono le seguenti:

- **Unico Ministero o Dipartimento per le politiche sanitarie e sociali**. Nel 2023, 11 paesi OCSE avevano un ministero o dipartimento responsabile di salute e politiche sociali. In altri paesi, invece, le responsabilità sono separate, con l'obiettivo di garantire che ciascun settore riceva un'attenzione specifica. In questi casi, la presenza di solidi meccanismi di coordinamento interministeriale risulta fondamentale per assicurare coerenza ed efficacia nelle politiche.
- **Unico ente pubblico e finanziamento congiunto per servizi a persone non autosufficienti:** In alcuni Paesi, la responsabilità dei servizi sociosanitari per persone anziane, persone con disabilità o persone non autosufficienti è centralizzata in un unico organismo. Ad esempio, dal 2020 la Francia ha affidato un ruolo crescente alla cassa nazionale della solidarietà per l'autonomia (CNSA). Storicamente responsabile del finanziamento dei servizi per persone con disabilità, l'ente sarà responsabile dei servizi per la popolazione anziana e la popolazione con disabilità entro il 2030. In questo modello, i diversi flussi di finanziamento vengono trasformati in un sistema di finanziamento congiunto – uno strumento chiave per favorire l'integrazione della LTC.
- **Organismi intergovernativi per coordinamento tra attori nazionali e locali nell'ambito dei servizi di LTC**. In Spagna, ad esempio, il Consiglio Territoriale del Sistema pubblico per l'Autonomia e l'Assistenza per la Dipendenza riunisce Stato e regioni; in Francia, la "Conferenza dei finanziatori" discute misure e risorse per over-60 non autosufficienti; in Finlandia, si prevede l'istituzione di 21 "distretti per i servizi di benessere", finanziati dal governo centrale e che deterranno le responsabilità per i servizi sociali e sanitari, precedentemente gestiti dai comuni.
- **Sistemi di coordinamento e comunicazione tra gli attori coinvolti nella programmazione e gestione dei servizi**. Altri paesi OCSE hanno attivato dei sistemi di coordinamento (e.g. comitati intergovernativi, riunioni con cadenza regolare) per migliorare l'integrazione e cooperazione tra gli enti responsabili dei servizi. In vari Paesi nordici, governo centrale ed enti locali si riuniscono regolarmente per definire misure riguardanti i servizi e le eventuali difficoltà cui far fronte.
- **Integrazione tra il settore formale e i caregivers familiari, gli assistenti personali (i.e. badanti) e i lavoratori stranieri**. Attualmente nella maggior parte dei paesi OCSE vi sono meccanismi di supporto per caregivers familiari e assistenti informali. Circa due terzi dei paesi OCSE prevedono il congedo per *caregiving*, seppure non sempre retribuito, mentre le opportunità

di formazione sono spesso limitate e offerte online dal terzo settore. Alcuni paesi, tra cui Canada, Germania, Israele e Spagna hanno previsto meccanismi per facilitare la regolarizzazione degli assistenti informali migranti (European Commission, 2022[14]).

- **Miglioramento dell'integrazione dei sistemi informativi sanitari e sociali.** In Finlandia, ad esempio, l'istituto statistico nazionale sta creando un unico registro dati per i servizi erogati, usando il modello Kanta, https://www.kanta.fi/en/professionals, agevolato dall'esistenza di un unico Ministero per le politiche sanitarie e sociali.
- **Rafforzamento della forza lavoro nel settore sanitario e dell'assistenza**: Ad esempio, nel Regno Unito il piano "*People at the Heart of Care*" prevede 50 000 infermieri aggiuntivi nel sistema sanitario nazionale (NHS) e almeno GBP 500 milioni per una riforma dell'assistenza adulti. *Health Education England* guida la pianificazione a 15 anni, con focus su formazione iniziale e continua per ruoli intersettoriali e l'introduzione di un "Passaporto di Competenze Integrato" per facilitare il trasferimento di competenze e conoscenze tra sanità e assistenza (Department of Health and Social Care, 2022[15]).
- **Quadri di riferimento per la qualità.** Diversi Paesi stanno aggiornando i propri quadri di riferimento per la qualità, con l'obiettivo di promuovere standard uniformi e il miglioramento continuo nei servizi sociali e di assistenza a lungo termine. La Francia, ad esempio, ha introdotto nel 2022 un quadro nazionale unico per oltre 40 000 strutture. L'ampliamento del ruolo di fornitori pubblici, non profit e for profit rende sempre più rilevanti standard di qualità e meccanismi di monitoraggio, nonostante la disponibilità limitata di dati aggiornati (OECD, 2022[13]).

I sistemi di governance richiedono inoltre di coinvolgere e coordinare una serie di attori e diverse realtà a livello locale, inclusi i vari enti che costituiscono e promuovono **l'innovazione sociale** (vedere Box 3.1).

Box 3.1. L'innovazione sociale al servizio dell'integrazione sociosanitaria

L'innovazione sociale può offrire un contributo prezioso per migliorare l'integrazione tra servizi sanitari e sociali, soprattutto nell'assistenza agli anziani non autosufficienti. Si tratta di iniziative nuove, spesso sperimentate a livello locale, che nascono dalla collaborazione tra attori diversi – istituzioni pubbliche, enti del terzo settore, volontari e cittadini – per rispondere a bisogni complessi non pienamente coperti dai sistemi tradizionali. Vari esempi mostrano il potenziale dell'innovazione sociale per costruire sistemi di cura più vicini alle persone, flessibili e sostenibili, incentrati sulla collaborazione tra diversi attori.

Il rapporto OCSE Starting, Scaling and Sustaining Social Innovation mostra come queste iniziative si sviluppino attraverso tre fasi: l'avvio (start), quando un problema viene affrontato in modo nuovo da chi è vicino al territorio, spesso con risorse limitate ma grande flessibilità; l'espansione (scale), in cui le soluzioni efficaci vengono adottate da altri territori, sostenute da alleanze con amministrazioni pubbliche o integrate nelle politiche nazionali; e il consolidamento (sustain), che richiede stabilità nel tempo, inclusi finanziamenti duraturi, capacità di adattarsi ai cambiamenti e strumenti per valutare l'impatto.

Vari progetti mostrano come l'innovazione sociale possa rafforzare la presa in carico integrata delle persone anziane. In **Polonia**, ad esempio, un progetto sostenuto dal Fondo Sociale Europeo ha sviluppato un modello integrato di assistenza a lungo termine per persone con malattie croniche nelle aree rurali, colpite da spopolamento e indebolimento delle reti familiari. In **Svezia** (Västernorrland), il progetto IMPROVE (*Involving the community to co-produce public services*) ha utilizzato un approccio di *living lab* per co-progettare soluzioni sostenibili di assistenza domiciliare in aree periferiche – incluso tecnologie come sensori per l'incontinenza o videocamere per il monitoraggio notturno. Il progetto transnazionale SI4CARE (*Social Innovation for integrated health CARE of ageing population in ADRION Regions*) nei paesi della **regione adriatico-ionica** mira a rafforzare la cooperazione tra i diversi livelli del settore sanitario per promuovere l'innovazione sociale nei servizi di assistenza agli anziani. L'iniziativa coinvolge attori pubblici e privati per migliorare la capacità di elaborare politiche, coordinare strategie e offrire servizi integrati e innovativi.

Fonti: OECD (2025[16]), *Starting, Scaling and Sustaining Social Innovation: Evidence and Impact of the European Social Fund*, https://doi.org/10.1787/ec1dfb67-en e OECD (2024[17]), "Assessing the framework conditions for social innovation in rural areas, https://doi.org/10.1787/74367d76-en.

3.3. Uno sguardo all'integrazione sociosanitaria in alcuni paesi OCSE

La trasformazione dei sistemi di cura per le persone anziane non autosufficienti rappresenta una sfida per molti Paesi OCSE, che devono conciliare invecchiamento demografico, sostenibilità dei servizi e domanda crescente di assistenza domiciliare. In questo contesto, cinque casi studio – Giappone, Inghilterra, Danimarca, Australia e Paesi Baschi (Spagna) – consentono di esplorare diverse soluzioni per promuovere un'integrazione efficace tra servizi sanitari, sociali, abitativi e di sostegno alla comunità, e trarre spunti di trasferibilità per l'Italia.

3.3.1. Giappone: il Sistema di assistenza integrata basato sulla comunità

Con una popolazione di età pari o superiore a 65 anni in crescita fino al 34.8% entro il 2040, il Giappone è all'avanguardia nell'adattamento dei sistemi di cura all'invecchiamento demografico. Nel 1973 il Giappone ha introdotto la gratuità dell'assistenza sanitaria per le persone anziane. Tuttavia, l'aumento dei ricoveri ospedalieri di anziani con bisogni sociali spinse il governo a varare, all'inizio degli anni '90, una strategia decennale per la promozione della salute e del benessere degli anziani nota come *Gold Plan*. A questa seguirono il *New Gold Plan* e, nel 2000, la legge sull'assicurazione per l'assistenza a lungo termine (LTCI), concepita per garantire un finanziamento più sostenibile della LTC (Szczepura et al., 2023[18]). La LTCI ha sostenuto un ampio sviluppo dell'assistenza domiciliare e comunitaria, con un incremento del 203% nell'utilizzo nel primo decennio (Tamiya et al., 2011[19]).

Nel 2012 è stato introdotto il Sistema di assistenza integrata basato sulla comunità come estensione della LTCI, per integrare assistenza sanitaria, assistenza a lungo termine, cure preventive, supporto alla vita quotidiana e soluzioni abitative (OECD, 2018[20]). Il modello, ispirato agli *Health and Welfare Centres* già sperimentati in aree isolate, mira a favorire l'invecchiamento "in casa", riducendo la dipendenza da cure ospedaliere o istituzionali (Szczepura et al., 2023[18]; Hatano et al., 2017[21]).

Il modello di governance

Il modello giapponese di assistenza integrata si basa su una governance multilivello fortemente centrata sul territorio. A livello locale operano i Centri di supporto comunitario completo (*Comprehensive Community Support Centres* – CCSC), presenti in ogni municipalità e concepiti come punto unico di accesso ai servizi per le persone anziane e le loro famiglie. Nei centri di maggiori dimensioni, il servizio può essere articolato in più sedi.

I CCSC fungono da snodo locale per la valutazione, pianificazione e coordinamento dei servizi sanitari, sociali e abitativi disponibili nella comunità; inoltre, alleggeriscono il carico di coordinamento che altrimenti graverebbe su singoli professionisti e strutture. Ogni centro è gestito da un'équipe multidisciplinare composta da infermieri di sanità pubblica, assistenti sociali e specialisti in assistenza a lungo termine.

La funzione di coordinamento clinico è affidata al *Care Manager*, figura centrale del sistema. Il Care Manager – obbligatoriamente in possesso di una qualifica nazionale in ambito sanitario, medico o sociale e con almeno cinque anni di esperienza – valuta il livello di bisogno certificato, predispone un Piano Assistenziale Integrato e accompagna l'utente nella fruizione dei servizi (Szczepura et al., 2023[18]).

Ogni Centro è supportato da soluzioni abitative adeguate e servizi di sostegno per l'invecchiamento in comunità, con un focus sulla promozione della salute, prevenzione, riabilitazione e supporto al recupero. I Centri offrono inoltre orientamento su alloggi e assistenza a lungo termine, escluse le case di riposo.

Interventi e soggetti erogatori

Il modello giapponese è stato descritto come un esempio di "quartieri di cura integrata", nei quali i servizi sono organizzati in modo da fornire, a livello locale, una risposta integrata e accessibile ai bisogni complessi della popolazione anziana (Szczepura et al., 2023[18]). Il modello si fonda su una presa in carico centrata sulla persona e radicata nella comunità. Il Piano Assistenziale Individuale può includere interventi di prevenzione, cure primarie, assistenza domiciliare, riabilitazione, supporto ad attività quotidiane, soluzioni abitative adattate e promozione della socialità.

Gli interventi sono erogati da soggetti pubblici e privati accreditati. L'accesso ai servizi è regolato dal sistema LTCI, che determina il livello di bisogno assistenziale attraverso un questionario standardizzato di 74 voci, una visita domiciliare e un referto medico (Tamiya et al., 2011[19]). Gli anziani non elegibili ai benefici LTCI possono accedere a servizi di prevenzione.

Un elemento distintivo del sistema giapponese è la struttura multilivello, articolata su quattro pilastri interdipendenti (Datta et al., 2025[22]):

- Autoaiuto (Ji-jo): Promuove l'autonomia individuale e familiare tramite azioni educative, check-up sanitari, apprendimento permanente e attività di volontariato per gli anziani in buona salute.
- Aiuto mutuo (Go-jo): Valorizza il supporto informale e il volontariato, anche con partecipazione istituzionale; i comuni finanziano la formazione dei volontari e i *Social Welfare Councils* (organismi di coordinamento a livello locale incaricati di promuovere il benessere sociale nelle comunità) ne coordinano le attività, facilitando l'integrazione con i servizi formali.
- Solidarietà sociale (Kyo-jo): Rappresenta l'asse portante del sistema assicurativo: tutti i cittadini sopra i 40 anni pagano premi per la LTCI e gli anziani certificati hanno diritto ai servizi. A livello locale, operano anche cooperative e organizzazioni solidali.
- Supporto pubblico (Ko-jo): Comprende i servizi pubblici obbligatori e finanziati con risorse fiscali, la regolamentazione dei servizi e i programmi di sostegno economico e abitativo per le persone anziane con basso reddito.

Questa architettura consente una risposta flessibile e adattabile ai bisogni complessi della popolazione anziana, combinando coerenza nazionale e implementazione locale. Il sistema incentiva l'invecchiamento in comunità, riduce la pressione su ospedali e strutture residenziali, migliora la qualità della vita, e rende l'assistenza più sostenibile anche dal punto di vista finanziario, grazie a costi potenzialmente inferiori rispetto ai modelli esclusivamente formali (Datta et al., 2025[22]).

Sistemi informativi e interoperabilità

Il Giappone sta investendo in modo strutturale nell'innovazione tecnologica per sostenere la trasformazione del proprio sistema di assistenza. Una nuova disciplina accademica, la *Care Science*, complementare alla medicina e all'infermieristica, è stata introdotta per promuovere lo sviluppo di tecnologie assistive, tra cui robotica, sensori e intelligenza artificiale.

Nel 2021, il Ministero della Salute giapponese ha istituito il sistema informativo LIFE (*Long-Term Care Information System for Evidence*), che mira a supportare l'evidenza scientifica e la misurazione degli esiti legati all'assistenza; così come a promuovere la trasformazione digitale del settore, favorendo l'adozione di nuovi modelli organizzativi e modalità di erogazione dei servizi (Szczepura et al., 2023[18]).

Risorse

Il sistema giapponese di LTCI ha istituito un'assicurazione specifica per la non autosufficienza. Il finanziamento si basa su una combinazione di contributi assicurativi e fiscalità generale, ove circa la metà dei fondi proviene da premi assicurativi individuali, mentre l'altra è coperta da imposte municipali e nazionali (Datta et al., 2025[22]). I residenti oltre i 40 anni versano premi assicurativi obbligatori; a partire dai 65 anni si ha diritto alle prestazioni LTCI in base al livello di bisogno certificato.

La partecipazione al costo da parte dell'utente corrisponde in media al 10% del valore del servizio (Datta et al., 2025[22]), ma esistono misure di sostegno per le persone con redditi più bassi. Per le persone con disabilità tra i 40 e i 65 anni è attivo un fondo assicurativo separato. Inoltre, i governi municipali finanziano interventi complementari di promozione della salute, prevenzione della fragilità, *housing* sociale e sviluppo di reti comunitarie, spesso in partenariato con il volontariato organizzato (Szczepura et al., 2023[18]).

Il *Care Manager* svolge un ruolo centrale nella gestione delle risorse: definisce il piano di cura entro i limiti fissati dal sistema assicurativo, monitorando l'uso efficiente dei servizi disponibili.

Trasferibilità

Il modello giapponese mostra come il mantenimento della qualità della vita nella terza età richieda interventi integrati che combinino assistenza sanitaria e a lungo termine, supporto alla vita quotidiana e protezione economica. La trasferibilità di questo modello richiede come condizioni una governance multilivello funzionale, un sistema informativo integrato, un quadro stabile di finanziamento e una disponibilità adeguata e coordinamento di personale qualificato. L'esperienza giapponese mostra come l'integrazione non sia solo una questione di assetto organizzativo, ma anche di cultura professionale e partecipazione civica. La creazione di reti locali, il coinvolgimento degli attori della comunità e l'orientamento alla persona sono elementi essenziali per un'integrazione effettiva (Sano et al., 2023[23]).

La presenza capillare dei Centri di supporto comunitario rappresenta un elemento chiave che identifica le esigenze e le risorse locali e mette in contatto i residenti anziani con servizi medici e sociali adeguati. La replicabilità dipende dalla capacità di integrare servizi formali e risorse comunitarie in una logica territoriale. Il sistema si fonda inoltre su un equilibrio tra interventi pubblici, di auto-aiuto e di mutuo sostegno, alleggerendo la pressione sui servizi pubblici e rafforzando la resilienza comunitaria (Datta et al., 2025[22]).

3.3.2. Inghilterra: sistemi di assistenza integrata (Integrated Care Systems – ICS)

In Inghilterra, il tema dell'integrazione tra assistenza sanitaria e sociale per le persone anziane ha visto una lunga evoluzione. Dopo la creazione nel 1948 del National Health Service (NHS), che ha garantito cure sanitarie gratuite per tutti, l'assistenza sociale per gli anziani non autosufficienti è rimasta separata e soggetta a criteri di eleggibilità economica. Solo a partire dagli anni 2000 si è avviato un percorso di riforma per superare questa frammentazione, supportato ad esempio dal 2006 *White Paper* "*Our Health, Our Care, Our Say*", cercando una maggiore integrazione dei servizi per persone anziane.

Negli ultimi decenni, le politiche sanitarie nel Regno Unito hanno più volte ribadito l'impegno a spostare l'erogazione delle cure dagli ospedali verso contesti più vicini alla comunità e al domicilio delle persone. Tra gli interventi più significativi si annoverano il *NHS Five Year Forward View* del 2014 e il *NHS Long Term Plan* del 2019, insieme al *Care Act* del 2014, con i relativi regolamenti e linee guida.

Con l'entrata in vigore dell'*Health and Care Act* nel 2022, sono stati formalmente istituiti 42 sistemi sanitari integrati (*Integrated Care Systems* – ICS) in Inghilterra, con l'obiettivo di superare barriere storiche, culturali, giuridiche e finanziarie all'integrazione, e di migliorare le condizioni di vita delle persone residenti nelle rispettive aree territoriali. Uno degli scopi principali di questi partenariati locali è favorire la transizione dall'assistenza ospedaliera verso forme di cura e sostegno più prossime ai luoghi di vita delle persone, come il domicilio e la comunità (Szczepura et al., 2023[18]; Age UK, 2024[24]).

Il modello di governance

In ciascuna delle 42 aree geografiche degli ICS, gli enti del NHS e le autorità locali si organizzano in due organismi (NHS England, n.d.[25]; National Audit Office, 2022[26]):

- *L'Integrated Care Board* (ICB), un ente del NHS i cui membri sono nominati da trust ospedalieri, fornitori di servizi medici di base e autorità locali. L'ICB riceve i finanziamenti da NHS England per programmare e acquistare servizi sanitari nell'area coperta dal sistema integrato. Ogni ICB gestisce il budget sanitario e lavora con i fornitori locali (ospedali, medici di base, ecc.).
- *L'Integrated Care Partnership* (ICP), un comitato congiunto istituito dall'ICB insieme alle autorità locali, con la possibilità di includere altri soggetti, quali le organizzazioni del terzo settore. L'ICP è incaricato di elaborare una Strategia di Assistenza Integrata che definisce come rispondere ai bisogni sanitari e assistenziali della popolazione locale. L'ICB, le autorità locali e NHS England sono tenuti a tenere conto di questa strategia nella pianificazione e nell'erogazione dei servizi.

Interventi e soggetti erogatori

Le autorità locali sono responsabili dell'assistenza sociale, della salute pubblica e di altri servizi cruciali per il benessere (alloggi, istruzione, trasporti, tempo libero). Quando pianificano le loro attività, devono tener conto della strategia elaborata dall'ICP.

Il modello ICS promuove un approccio multidisciplinare alla presa in carico degli anziani fragili. I team includono infermieri, assistenti sociali, volontari e altri professionisti, e operano sia a domicilio sia in strutture residenziali. I servizi includono anche la figura del *Social Prescribing Link Worker*, un ruolo introdotto per facilitare l'accesso a servizi non clinici offerti dal volontariato e dalla comunità, spesso per affrontare problemi di tipo sociale. Questa figura professionale, pur non essendo rivolta esclusivamente alla popolazione anziana, rappresenta una soluzione costo-efficace per fronteggiare il fatto che circa un quarto delle visite presso i medici di medicina generale è motivato da questioni di natura sociale – accesso a prestazioni, problematiche abitative o lavorative, orientamento nei servizi di welfare – che richiedono competenze e consulenza diverse da quelle strettamente cliniche (Szczepura et al., 2023[18]). L'analisi di alcune esperienze locali ha inoltre rilevato che l'integrazione tra infermieri e assistenti sociali ha portato a una riduzione delle ospedalizzazioni.

Sistemi informativi e interoperabilità

L'Inghilterra ha investito in modo crescente nella digitalizzazione dei servizi sanitari e sociali. Il *Plan for digital health and social care* pubblicato da NHS England nel 2022 prevede la digitalizzazione completa delle cartelle sanitarie e assistenziali nei 42 ICS e l'estensione della banda larga a tutte le case di cura per facilitare l'assistenza da remoto. La Care Quality Commission ha avviato una nuova strategia per migliorare il monitoraggio dei servizi tramite la raccolta digitale dei dati. Parallelamente, il National Institute for Health and Care Excellence (NICE) sta sviluppando una banca dati per le tecnologie digitali e l'intelligenza artificiale in ambito sociale (Szczepura et al., 2023[18]).

Le analisi sull'utilizzo dei dati all'interno degli ICS evidenziano un'elevata eterogeneità in termini di maturità delle infrastrutture digitali, capacità organizzativa e modalità di utilizzo dei dati. Solo alcuni sistemi dispongono di tecnologie avanzate e sono in grado di utilizzare efficacemente i dati per l'assistenza individuale e la gestione della salute della popolazione. Spesso lo sviluppo tecnologico non è accompagnato da un'evoluzione adeguata della cultura organizzativa e delle competenze del personale, rendendo necessarie iniziative mirate di formazione e aggiornamento. Il reclutamento e la fidelizzazione di professionisti con competenze digitali rappresentano ancora una sfida rilevante. Numerosi ICS segnalano inoltre difficoltà nel bilanciare le esigenze operative quotidiane con un utilizzo più strategico dei dati, auspicando una maggiore chiarezza sulle priorità nazionali a lungo termine in questo ambito. Sebbene vi sia un consenso sull'importanza di coinvolgere pazienti e cittadini nelle scelte relative all'uso dei dati, permangono visioni diverse su chi debba assumerne la responsabilità. Infine, i soggetti consultati nel contesto delle analisi riconoscono ampie opportunità di miglioramento, sottolineando l'importanza di un'azione collaborativa tra ICS e di un dialogo più strutturato con i decisori nazionali per rafforzare l'uso sistemico dei dati sanitari (Understanding Patient Data, 2024[27]).

Risorse

Gli ICS sono finanziati principalmente tramite fondi assegnati da NHS England, che riceve risorse dal Department of Health and Social Care (DHSC). Il DHSC fornisce anche un contributo diretto alle autorità locali per i servizi di sanità pubblica. NHS England distribuisce i fondi agli ICB secondo una formula che considera fattori quali dimensione e bisogni sanitari della popolazione. Gli ICB gestiscono il budget, acquistando i servizi o delegando i fondi (National Audit Office, 2022[26]). Oltre ai fondi ordinari, gli ICS possono ricevere altri finanziamenti per progetti di integrazione da NHS England, DHSC o autorità locali. Per sostenere l'erogazione di cure integrate, molti ICS ricorrono a budget congiunti (*pooled budgets*) con le autorità locali.

Trasferibilità

L'esperienza inglese mostra un sistema in progressiva trasformazione verso l'integrazione strutturale e operativa dei servizi per anziani. NHS England (n.d.[25]) menziona come principali caratteristiche del modello la promozione di servizi integrati tra settori, partenariati tra NHS e autorità locali, una gestione unificata del personale, un focus sulla prevenzione, il decentramento a livello locale, l'attivazione di équipe territoriali multidisciplinari, la collaborazione tra erogatori e il sostegno allo sviluppo sociale ed economico delle comunità. Le evidenze raccolte suggeriscono benefici in termini di qualità percepita e riduzione delle ospedalizzazioni evitabili. Tuttavia, disomogeneità tra ICS, carenze nella formazione del personale, limitata formalizzazione della tutela, e necessità di investimenti in interoperabilità dei dati rappresentano sfide importanti. La trasferibilità del modello richiede un forte coordinamento centrale, risorse dedicate e la promozione di una cultura collaborativa sul territorio (Szczepura et al., 2023[18]). La governance multilivello è uno degli aspetti più complessi ma anche strategici per garantire coerenza tra le scelte nazionali e l'adattamento alle esigenze locali, elemento cruciale per la sostenibilità del modello ICS.

3.3.3. Danimarca: progetti pilota di collaborazione interdisciplinare a livello locale

Il sistema sanitario danese, basato sulla fiscalità generale e ad accesso universale, garantisce cure di alta qualità, con elevata soddisfazione dei pazienti e pochi bisogni insoddisfatti. La governance si è articolata su tre livelli: lo Stato, responsabile dell'indirizzo strategico; le regioni, che gestiscono i servizi sanitari specialistici; e i comuni, competenti per l'assistenza sociale, domiciliare, agli anziani, la prevenzione e la riabilitazione. L'integrazione tra questi livelli rimane una sfida centrale. Per rafforzarla, nel 2021–22 sono stati istituiti 21 *Health Cluster*, ciascuno attorno a un grande ospedale, per coordinare le responsabilità regionali e comunali, promuovere percorsi assistenziali coerenti e superare la frammentazione. I Cluster riuniscono decisori politici e dirigenti sanitari per definire strategie condivise a livello territoriale (OECD, 2024[28]).

Accanto a queste iniziative nazionali, diversi progetti locali hanno cercato di migliorare l'integrazione, tra cui quello avviato in sei comuni per rafforzare la collaborazione interdisciplinare tra servizi sanitari e sociali. In seguito al Vertice sugli Anziani organizzato nel 2020 dal Ministero della Salute danese, i comuni di Faxe, Hedensted, Haderslev, Copenaghen, Ringsted e Rudersdal hanno avviato progetti volti a riorientare i servizi di cura per le persone anziane sulla base delle esigenze specifiche dei territori. Le iniziative sono state realizzate nell'ambito di *Fremfærd Sundhed og Ældre,* una collaborazione istituzionale che mira a rafforzare la capacità del mercato del lavoro municipale di adempiere alle responsabilità in materia di welfare, con particolare attenzione all'assistenza a lungo termine.

Un comitato di esperti, composto da rappresentanti sindacali, autorità locali e amministrazioni municipali, ha istituito uno spazio di sviluppo congiunto. Questo spazio ha permesso a dirigenti e operatori dei sei comuni di co-progettare nuovi approcci nell'assistenza agli anziani, attingendo sia dall'esperienza maturata a livello locale che dai principi del modello olandese *Buurtzorg* (vedi Box 3.2). L'iniziativa è stata resa possibile grazie a un finanziamento dedicato messo a disposizione da *Fremfærd Sundhed og Ældre*.

Box 3.2. Il modello Buurtzorg (Olanda)

Il modello Buurtzorg, sviluppato in Olanda a partire dal 2006, è basato su team infermieristici autogestiti che offrono un'assistenza olistica e personalizzata a livello comunitario. Ogni team, composto da un massimo di 12 infermieri e operatori, segue da 40 a 50 assistiti nel proprio quartiere. I team sono responsabili dell'organizzazione del lavoro, della gestione dei compiti e del processo decisionale, collaborano attivamente con medici di base, terapisti e altri professionisti locali, e costruiscono la propria rete di utenti tramite passaparola e segnalazioni. Buurtzorg sostiene il funzionamento dei team tramite una piattaforma informatica per ridurre gli oneri amministrativi, aumentare la produttività e migliorare la qualità dell'assistenza. Tramite la piattaforma, i team accedono a informazioni su performance, interventi e risultati, favorendo l'apprendimento reciproco.

Nel tempo, il modello si è evoluto in diverse direzioni. Buurtzorg+ ha rafforzato la prevenzione e la collaborazione tra infermieri e terapisti. BuurtzorgT ha esteso l'approccio autogestito all'assistenza psichiatrica, promuovendo la parità tra operatori e utenti, l'uso di strumenti digitali per l'apprendimento congiunto e una maggiore autonomia degli utenti nella gestione del proprio percorso di cura.

Fonti: OECD (2024[28]), *Good practices in delivering integrated care: Examples from the Netherlands, Denmark, France and Ontario, Canada;* www.buurtzorg.com/about-us/buurtzorgmodel; e www.buurtzorg.com/innovation/buurtzorg-te.

Ogni comune ha partecipato allo sviluppo dei progetti con un gruppo di dieci dirigenti e operatori, garantendo il coinvolgimento delle figure professionali e decisionali fondamentali per l'attuazione dei progetti. Le esperienze condividono un'impostazione basata sulla collaborazione interdisciplinare: piccoli gruppi permanenti composti da terapisti, infermieri e operatori sociosanitari si riuniscono ogni mattina per pianificare il lavoro e cooperano durante la giornata, con l'obiettivo di garantire un'assistenza meglio coordinata e più centrata sui bisogni individuali dei cittadini. L'organizzazione delle attività varia tra i comuni. A Faxe, ad esempio, è stata introdotta la nuova figura del coordinatore professionale, un operatore sociale o sanitario incaricato di facilitare le riunioni interdisciplinari e promuovere una collaborazione più stretta. Il comune di Hedensted, invece, sta creando strutture fisiche congiunte per l'assistenza domiciliare e infermieristica. Gruppi di sei-otto operatori sociosanitari condividono un numero ridotto di percorsi di visita domiciliare e pianificano autonomamente i propri turni nell'ambito del quadro stabilito dalla direzione. Alcuni comuni hanno coinvolto il personale nella pianificazione quotidiana, nell'organizzazione dei percorsi di assistenza e dei turni; altri hanno adottato strumenti ispirati al modello Buurtzorg, come dashboard per il monitoraggio di indicatori quali tempi di assistenza, assenze, continuità e risultati riabilitativi.

L'iniziativa è stata oggetto di valutazione, che ha evidenziato come l'organizzazione in piccoli team abbia facilitato la continuità del rapporto con i cittadini e sia associata con un minore tasso di assenteismo rispetto ad altri gruppi di lavoro. Gli operatori hanno riconosciuto che la transizione verso nuove forme organizzative richiede tempo; le funzioni di pianificazione e gestione rimangono necessarie, ma assumono forme diverse, principalmente orientate a supportare decisioni “dal basso”. Le raccomandazioni sottolineano l'importanza di proseguire nel rafforzamento di team stabili, composti da diverse professionalità e dotati di un adeguato livello di autonomia operativa.

La replicabilità del modello richiede un'amministrazione pubblica con forte capacità organizzativa a livello locale.

3.3.4. Australia: il nuovo programma Support at Home

L'Australia sta attuando una riforma del proprio sistema di assistenza agli anziani, volta a rafforzare l'integrazione tra i servizi sanitari e sociali, con particolare attenzione all'assistenza domiciliare, in risposta alle raccomandazioni della *Royal Commission into Aged Care Quality and Safety.* Il programma *Support at Home*, il cui avvio è previsto a novembre 2025, rappresenta la principale iniziativa governativa in questo ambito. L'obiettivo centrale della riforma è garantire agli anziani non autosufficienti la possibilità di rimanere a domicilio il più a lungo possibile, ricevendo supporti integrati in funzione dei loro bisogni sanitari, funzionali e sociali. La riforma mira a garantire prezzi equi, una maggiore attenzione agli interventi precoci e livelli di assistenza più elevati per le persone con esigenze complesse (Australian Government, 2025[29]).

Parallelamente, il governo australiano ha sviluppato la Strategia nazionale per l'assistenza 2024-2034 e il relativo Piano d'azione 2024-2027, che sono di grande rilevanza in questo contesto. Queste iniziative promuovono un migliore riconoscimento dei *caregiver*, sottolineano l'importanza dei *caregiver* non retribuiti nella fornitura di assistenza alle persone anziane e includono misure per rafforzare la formazione e il supporto per gli assistenti familiari, migliorare i dati sull'assistenza informale per informare le politiche e creare opportunità per un migliore equilibrio tra lavoro e assistenza (Australian Government, 2024[30]; 2024[31]).

Governance

La riforma si inserisce nel nuovo quadro giuridico definito dall' *Aged Care Act 2024*, https://www.legislation.gov.au/C2024A00104/latest/text, la legge sull'assistenza agli anziani finanziata dal governo federale. L'*Act* introduce un'impostazione giuridica fondata sui diritti dell'utente e rafforza le responsabilità dei fornitori di servizi in termini di trasparenza e qualità. Entrerà in vigore il 1° novembre 2025, in coincidenza con l'avvio del programma *Support at Home*, https://www.health.gov.au/our-work/support-at-home.

Accorpamento dei programmi esistenti

Il programma *Support at Home* assorbirà progressivamente tre schemi preesistenti di assistenza domiciliare:

- *Home Care Packages (HCP) Program*: Fornisce pacchetti di assistenza a quattro diversi livelli di finanziamento. Assicura un'assistenza domiciliare personalizzata per sostenere le persone anziane nel rimanere il più a lungo possibile nella propria abitazione, ritardando l'ingresso in strutture residenziali. Offre un mix coordinato di servizi, tra cui supporto per le attività domestiche, ausili e attrezzature (come deambulatori), modifiche abitative minori, cure personali e assistenza clinica, inclusi servizi infermieristici e di riabilitazione. L'approccio è basato sulla cura orientata al consumatore (*consumer-directed care*), in modo da garantire che gli interventi siano allineati ai bisogni e agli obiettivi della persona. Il programma sarà sostituito dal 1 novembre 2025 (Government of Australia, 2025[32]).
- *Short-Term Restorative Care (STRC) Programme*: Offre un sostegno temporaneo e intensivo fino a otto settimane, con l'obiettivo di prevenire o ritardare l'ingresso in strutture residenziali. L'intervento è centrato sul recupero funzionale attraverso un approccio multidisciplinare, combinando supporto sociale e sanitario in un'ottica riabilitativa. Il programma sarà sostituito dal 1 novembre 2025 (Australian Government, 2025[33]).
- *Commonwealth Home Support Programme (CHSP):* Per persone anziane relativamente autonome che necessitano di un aiuto limitato per svolgere le attività quotidiane, il CHSP fornisce servizi

essenziali come pulizie, pasti, trasporti e supporto alla socializzazione. Rimarrà in vigore fino ad almeno luglio 2027, consentendo un passaggio graduale al nuovo schema per fornitori e utenti (Australian Government, 2024[34]).

La sostituzione progressiva di questi tre programmi mira a semplificare l'accesso ai servizi, ridurre le sovrapposizioni e promuovere una maggiore integrazione tra gli aspetti sanitari, funzionali e sociali dell'assistenza domiciliare. A tal fine, il Dipartimento della Salute, della Disabilità e dell'Invecchiamento (*Department of Health, Disability and Ageing*) del Governo australiano ha previsto risorse per supportare i fornitori e gli attori del sistema durante la fase di transizione verso il nuovo programma *Support at Home*.

Interventi previsti e soggetti erogatori

Il programma *Support at Home* si prefissa di garantire un migliore accesso per le persone anziane a servizi, ausili, attrezzature e modifiche abitative per mantenersi in salute, attive e socialmente connesse alla comunità. Prevede tre percorsi dedicati: il *Restorative Care Pathway*, che offre interventi riabilitativi multidisciplinari per rafforzare l'autonomia; il regime *AT-HM*, che consente di accedere ad ausili e modifiche dell'abitazione sulla base dei bisogni valutati; e l'*End-of-Life Pathway*, che fornisce maggiori finanziamenti per accedere ai servizi di assistenza domiciliare agli anziani negli ultimi tre mesi di vita (Australian Government, 2025[35]).

I servizi si articolano in tre ambiti: assistenza sanitaria clinica (assistenza infermieristica, servizi sanitari e terapeutici, nutrizione, gestione dell'assistenza e gestione delle cure riparative), supporto all'autonomia (cura personale, supporto sociale e impegno della comunità, servizi terapeutici per una vita indipendente, sollievo, trasporti, tecnologie assistive e modifiche domestiche), e assistenza alla vita quotidiana (assistenza domestica, pasti, manutenzione e riparazioni della casa) (Australian Government, 2025[36]).

Ogni utente riceverà un pacchetto personalizzato di servizi erogato da un singolo fornitore, responsabile della fornitura complessiva dei servizi.

Quando il programma *Support at Home* entrerà in vigore, sarà già operativo il *Single Assessment System for aged care,* https://www.health.gov.au/our-work/single-assessment-system, un sistema unico di valutazione per accertare i bisogni delle persone anziane e la loro idoneità al programma. Una volta completata la valutazione, la persona riceverà un piano di supporto individuale, da condividere con il proprio fornitore di servizi. Il piano conterrà un riepilogo dei bisogni assistenziali e degli obiettivi personali dell'anziano; una classificazione del bisogno, associata a un budget trimestrale ricorrente; e/o un'approvazione per interventi di breve durata.

Risorse

Il finanziamento del programma *Support at Home* prevede un sistema misto, basato su contributi pubblici e compartecipazione da parte degli utenti, secondo principi di equità e sostenibilità. Il governo finanzierà interamente i servizi clinici (es. assistenza infermieristica e fisioterapia), mentre richiederà contributi moderati per servizi legati all'autonomia (es. cura personale, ausili e adattamenti domestici) e più elevati per servizi della vita quotidiana (es. pulizie e giardinaggio). Le tariffe saranno fissate per unità di servizio e varieranno in base al tipo di prestazione. Il contributo individuale sarà modulato anche in funzione del reddito. Per tutelare chi riceve assistenza a lungo termine è previsto un tetto massimo cumulativo di AUD 130 000 (EUR 72 152) sui contributi individuali. Dal 2026, verrà inoltre avviata una sperimentazione di finanziamento "pooled" per contesti collettivi (es. villaggi per anziani), in cui gli utenti potranno accedere a servizi flessibili condividendo le proprie risorse individuali.

Trasferibilità

L'introduzione di un sistema unico di valutazione, l'aggregazione di più programmi in un'unica struttura modulare e la presenza di un fornitore coordinatore per ogni utente costituiscono strumenti chiave per garantire integrazione, efficienza e personalizzazione. Tuttavia, permangono sfide legate alla carenza di personale qualificato, alla capacità dei fornitori di adattarsi ai nuovi requisiti, e al rischio di disuguaglianze territoriali nell'implementazione. Il successo della riforma dipenderà anche dalla capacità di integrare strumenti digitali e sistemi informativi comuni per favorire il monitoraggio della qualità e la condivisione delle informazioni.

Il nuovo modello sottolinea l'importanza della continuità e della coerenza nella presa in carico. Inoltre, viene valorizzato il ruolo dei fornitori locali, incluse le organizzazioni del settore non profit e le imprese sociali, che continueranno a essere accreditate e finanziate secondo criteri standardizzati e trasparenti.

3.3.5. Paesi Baschi, Spagna: la strategia per l'assistenza sociosanitaria 2021-24

In Spagna, l'assistenza a lungo termine segue una struttura multilivello: il governo centrale definisce i principi generali, mentre le comunità autonome, come i Paesi Baschi, hanno ampie competenze nella pianificazione, gestione e finanziamento dei servizi sociosanitari. Tutte le comunità autonome, seppur in misura diversa, si avvalgono della partecipazione di operatori privati per la costruzione o la gestione delle infrastrutture sanitarie e sociali (Díaz-Tendero and Ruano, 2024[37]).

Nei Paesi Baschi, l'assistenza sociale e sanitaria è supportata da un quadro normativo articolato in tre leggi principali: la legge 27/1983, che disciplina le relazioni istituzionali nella comunità autonoma; la legge 8/1997 sull'organizzazione sanitaria, integrata dal decreto 100/2018 sulle organizzazioni sanitarie integrate; e la legge 12/2008 sui servizi sociali, con il decreto 185/2015 che regola criteri, requisiti e procedure di accesso alle prestazioni del sistema basco di servizi sociali.

Dal 1996 sono in vigore accordi quadro per garantire la copertura dei bisogni sociosanitari. Nel corso del tempo, sono state sviluppate diverse strategie a sostegno dell'integrazione tra assistenza sociale e sanitaria (2013-16; 2017-20; 2021-24). La strategia 2025-28 è attualmente in fase di elaborazione.

Il modello di governance

L'assistenza sociale e sanitaria coinvolge vari attori su diversi livelli di governance:

- Il governo Basco, le cui competenze si estendono dalla pianificazione delle politiche sociali e sanitarie, alla pianificazione ed erogazione di servizi sanitari, sociali e di assistenza.
- I governi provinciali (Álava, Bizkaia e Gipuzkoa), con competenze principalmente incentrate sulle politiche sociali e sulla prestazione di servizi di assistenza.
- I 252 consigli locali baschi, principale porta di accesso ai servizi sociali e di cure primarie.

La strategia per l'assistenza sociosanitaria dei Paesi Baschi 2021-24 descrive il modello di governance integrata. Prevede un quadro di lavoro interistituzionale, multilivello e multidisciplinare, che vede interagire le principali istituzioni e organizzazioni coinvolte nella gestione ed erogazione dei servizi di assistenza sociosanitaria. Definisce organi decisori, di natura multidisciplinare e interistituzionale, e organi di coordinamento funzionale dei servizi sanitari e sociali.

Uno degli strumenti sviluppati dal Governo Basco sono i protocolli di coordinamento sociosanitario – linee guida che descrivono e mirano a semplificare le relazioni di collaborazione e attività delle istituzioni e delle organizzazioni coinvolte nella governance ed erogazione dei servizi di assistenza sociale e sanitaria. È prevista una revisione periodica dei protocolli e la redazione regolare di rapporti che documentano lo stato di attuazione delle procedure di coordinamento sociosanitario. Tra le difficoltà riscontrate nella gestione e valutazione dei protocolli vi sono la mancanza di criteri definiti per la validità e la revisione dei protocolli, lo scarso allineamento tra protocolli in diverse realtà locali, e il mancato coinvolgimento dei responsabili del sistema dei servizi sociali nel processo di integrazione in alcune realtà locali (OECD, 2024[38]).

Interventi e soggetti erogatori

Nei Paesi Baschi, l'assistenza sociosanitaria si basa su strategie che mirano a fornire risposte coordinate e olistiche ai bisogni sociali e sanitari della popolazione (non esclusivamente per persone anziane). Le esperienze dei precedenti programmi strategici indicano che una coordinazione efficace a livello micro richiede équipe flessibili, radicate nel territorio e basate su relazioni di reciproca fiducia. Questa visione si è rivelata particolarmente rilevante in contesti complessi come quelli emersi dopo la pandemia di COVID-19, nei quali è indispensabile il coordinamento tra diversi livelli assistenziali.

Le équipe sociosanitarie possono includere professionisti dell'assistenza primaria e/o secondaria, a seconda del percorso necessario. La strategia 2021-24 presenta due direttrici principali: il rafforzamento dell'assistenza primaria sociosanitaria, intesa come porta d'ingresso al sistema, attraverso équipe dedicate che operano in coordinamento con altri livelli assistenziali quando necessario; e lo sviluppo di interventi specifici per gruppi target, con un'enfasi sulla presa in carico precoce.

Il piano d'azione prevede la costruzione di una mappa dei referenti sociosanitari, inclusi quelli di prossimità; la redazione di una guida concettuale per consolidare le funzioni dell'assistenza primaria sociosanitaria; la mappatura e analisi dei protocolli e procedure esistenti nei diversi territori storici; la sperimentazione con progetti pilota per il coordinamento delle équipe; la presentazione ai gruppi di interesse e l'elaborazione di proposte condivise; e la diffusione e l'attuazione degli interventi (Governo Basco, 2021[39]).

Sistemi informativi e interoperabilità

Uno dei pilastri della strategia sociosanitaria dei Paesi Baschi 2021-24 è lo sviluppo dell'interoperabilità tra i sistemi informativi sociali e sanitari, con il duplice obiettivo di garantire ai cittadini il diritto di interagire con l'amministrazione per via elettronica nei procedimenti amministrativi; e di adattare i sistemi informativi esistenti a un modello di lavoro integrato e coordinato tra professionisti dei servizi sociali e sanitari. Per raggiungere questo scopo, la strategia prevede la standardizzazione dei contenuti e dei messaggi, lo sviluppo di piattaforme interoperabili, la progettazione di strumenti per la gestione congiunta dei casi e la valutazione sistematica dei servizi di scambio dati (Governo Basco, 2021[39]).

Risorse

La strategia 2021-24 prevede la definizione di un quadro condiviso e stabile di finanziamento pubblico, che consenta di sostenere in modo coordinato i servizi sociosanitari elencati nel catalogo regionale, chiarendo modalità e proporzioni del finanziamento pubblico da parte delle istituzioni coinvolte (Governo Basco, province ed enti locali).

Avviato con le Priorità Strategiche 2017–20 e consolidato nella Strategia 2021–24, il progetto prevede l'elaborazione di un modello condiviso di finanziamento, definizione e sottoscrizione di accordi interistituzionali per la ripartizione dei costi, e la costituzione di una commissione esecutiva congiunta incaricata di pianificare e monitorare gli investimenti nei servizi sociosanitari – compresi criteri, periodicità e meccanismi di revisione (Governo Basco, 2021[39]).

Trasferibilità

L'esperienza dei Paesi Baschi offre spunti rilevanti per la costruzione di un modello integrato su base territoriale. In particolare, si segnala la coerenza tra la struttura multilivello della governance e l'adozione di strumenti operativi concreti, come i protocolli interistituzionali, le équipe sociosanitarie miste e la progressiva interoperabilità dei sistemi informativi. L'approccio olistico e flessibile può risultare utile anche in Italia, dove la frammentazione delle competenze tra Stato, regioni e comuni spesso ostacola una presa in carico continuativa e integrata. Elementi potenzialmente trasferibili includono la formalizzazione di ruoli di coordinamento a livello locale; la mappatura condivisa di professionisti e risorse; e la definizione di un quadro stabile di co-finanziamento pubblico tra livelli istituzionali.

3.3.6. Lezioni apprese

I cinque case study (Giappone, Inghilterra, Danimarca, Australia, Paesi Baschi) offrono un laboratorio per capire come altri ordinamenti stanno avanzando nell'integrazione dell'assistenza sociosanitaria. Un'analisi comparativa permette di identificare elementi chiave quali la configurazione istituzionale, l'accesso unico e la valutazione standardizzata, l'integrazione finanziaria, la governance multilivello e programmazione integrata, équipe territoriali e risorse umane, l'infrastruttura informativa e il monitoraggio, ed il capitale sociale e sostegno informale – con spunti per il caso italiano.

- **Configurazione istituzionale**. Utilizzando il riferimento metodologico di Caiolfa (2022[40]) per inquadrare i modelli di integrazione identificati nei casi studio, il modello più comune dei sistemi analizzati è quello della ricomposizione, come in Giappone, Inghilterra e Paesi Baschi. L'Australia costituisce un esempio di ricongiungimento: con l'*Aged Care Act 2024* il programma *Support at Home* sostituirà tre schemi distinti e sarà regolato, finanziato e controllato a livello federale.
- **Accesso unico e valutazione standardizzata.** Stabilire un punto di accesso unico, dotato di una procedura di valutazione multidimensionale riconosciuta a livello nazionale o regionale, può contribuire ad assicurare l'equità nella presa in carico. Nei *Comprehensive Community Support Centres* giapponesi un questionario di 74 indicatori traduce il bisogno in un livello assicurativo con plafond di spesa; in Australia il *Single Assessment System* collegherà la valutazione al budget trimestrale associato a ciascun utente; negli ICS inglesi l'hub territoriale sintetizza criteri sanitari e sociali. I Paesi Baschi istituiscono sportelli sociosanitari a valenza distrettuale, mentre in Danimarca i punti d'ingresso restano plurimi, riflesso del carattere sperimentale delle iniziative.
- **Integrazione finanziaria.** Nei casi analizzati, un obiettivo di integrazione è convertire molteplici fonti in una dote economica unica, spendibile in pacchetti di servizi modulabili. Il Giappone realizza questa convergenza attraverso la LTCI; l'Australia adotterà, con *Support at Home*, un tariffario federale a co-payment graduati corredato da un tetto di spesa sull'intero arco di vita; in Inghilterra i *pooled budgets* permettono di combinare risorse del NHS e dei Comuni all'interno degli ICS; nei Paesi Baschi una commissione tri-livello redistribuisce contributi di regione, province e municipi in un fondo condiviso. Una chiara definizione della dote integrata permette all'utente di conoscere i propri diritti economici e incentiva i gestori a una presa in carico continuativa ed efficiente.
- **Governance multilivello e programmazione integrata.** L'integrazione si consolida quando esiste un organismo dotato di potere programmatorio e di leva finanziaria. Negli ICS inglesi il *Board* controlla i fondi sanitari e la *Partnership* approva la strategia locale; in Giappone CCSCs sono punti unici di accesso per i vari servizi; la Strategia basca prevede tavoli interistituzionali con revisione triennale dei protocolli. Questi meccanismi creano accountability e riducono il rischio di frammentazione – una principale criticità per l'Italia (Maino, Betti and De Tommaso, 2022[41]).
- **Équipe territoriali e risorse umane.** Nei cinque casi la presa in carico operativa è delegata a équipe multidisciplinari con autonomia gestionale. Ad esempio, il Giappone affida il coordinamento a Care-manager regolamentati che definiscono il piano individuale, mentre in Danimarca piccoli team autogestiti pianificano turni e visite; nei Paesi Baschi un'équipe mista risponde a referenti sociosanitari di distretto. Tuttavia, punti critici rimangono la disponibilità di personale, indicando che funzioni integrate richiedono investimenti in formazione e percorsi di studi dedicati alla LTC.
- **Infrastruttura informativa e monitoraggio.** I casi studio associano l'integrazione operativa a un investimento deciso nei sistemi informativi. Il Giappone ha avviato il database LIFE, che raccoglie in modo uniforme indicatori di processo ed esito sull'intera LTCI; l'Inghilterra ha programmato per il 2026 una cartella clinico-sociale unica nell'ambito degli ICS; nei Paesi Baschi è stata sviluppata una piattaforma inter-operabile fra anagrafiche sanitarie e dossier sociali. Queste iniziative

contribuiscono alla trasparenza su costi ed esiti e permettono di confrontare la performance di diverse unità.

- **Capitale sociale e sostegno informale.** I sistemi con livelli avanzati di integrazione attribuiscono un ruolo formale alle reti di comunità. Il Giappone include auto-aiuto e mutuo aiuto come pilastri complementari alla copertura assicurativa; gli ICS inglesi finanziano i *Social Prescribing Link Workers* per collegare bisogni sociali e risorse civiche; nei Paesi Baschi programmi di volontariato strutturato rientrano nei protocolli sociosanitari, mentre la Danimarca sperimenta forme di *housing* comunitario con forte partecipazione locale. Questi dispositivi affrontano due criticità rilevanti per l'Italia: il peso crescente sui caregiver familiari e la cooperazione ancora discontinua con il terzo settore. Integrando la dimensione informale nella governance – con riconoscimento di ruoli, formazione e finanziamenti mirati – i sistemi analizzati alleggeriscono la pressione sui servizi pubblici, rafforzano la resilienza territoriale e sostengono la continuità della presa in carico.

Vari spunti possono essere tratti per l'Italia. Nel contesto italiano, la ricomposizione appare la strategia più compatibile, consentendo di coniugare standard comuni e autonomia locale. Inoltre, l'esperienza dei cinque sistemi analizzati conferma che l'integrazione sociosanitaria funziona quando convergono elementi quali un punto di accesso unico con valutazione standardizzata, una dote finanziaria che unifichi le fonti, una governance con leve di spesa, comitati di integrazione dotati di potere decisionale, équipe territoriali multidisciplinari, formazione che rafforzi l'autonomia e competenze delle équipe territoriali, un'infrastruttura informativa interoperabile e dataset accessibili al pubblico sugli esiti dell'assistenza, nonché strumenti che istituzionalizzino il sostegno informale.

Bibliografia

Age UK (2024), *The State of Health and Care of Older People in England 2024*, https://www.ageuk.org.uk/siteassets/documents/reports-and-publications/reports-and-briefings/health--wellbeing/state-of-health-and-care/state_of_health_and_social_care_24.pdf. [24]

Australian Government (2025), *About the Short-Term Restorative Care (STRC) Programme*, https://www.health.gov.au/our-work/short-term-restorative-care-strc-programme/about-the-short-term-restorative-care-strc-programme. [33]

Australian Government (2025), *Support at Home program*, https://www.health.gov.au/our-work/support-at-home. [29]

Australian Government (2025), *Support at Home program - A guide for older people in Australia, families and carers*, https://proveda.com.au/wp-content/uploads/2025/04/support-at-home-program-booklet-for-older-people-families-and-carers-compressed.pdf. [35]

Australian Government (2025), *Support at Home service list*, https://www.health.gov.au/resources/publications/support-at-home-service-list. [36]

Australian Government (2024), *About the Commonwealth Home Support Programme (CHSP)*, https://www.health.gov.au/our-work/chsp/about. [34]

Australian Government (2024), *National Carer Strategy 2024–2034*, https://www.health.gov.au/resources/publications/national-carer-strategy-2024-2034?language=en. [30]

Australian Government (2024), *National Carer Strategy Action Plan 2024–2027*, https://www.health.gov.au/sites/default/files/2025-07/national-carer-strategy-action-plan-2024-2027_0.pdf. [31]

Caiolfa, M. (2022), *Il Sistema Nazionale Anziani: unagovernance multilivello per la nonautosufficienza*. [40]

Council of the European Union (2022), *Council Recommendation on access to affordable high-quality long-term care, 2022/C 466/01*, https://eur-lex.europa.eu/legal-content/EN/TXT/?uri=CELEX:32022H2438. [11]

Datta, M. et al. (2025), "Overhauling US Long-Term Services and Supports: Looking Toward Japan", *Journal of Applied Gerontology*, https://doi.org/10.1177/07334648251348004. [22]

Department of Health and Social Care (2022), *Joining up care for people, places and populations*, https://assets.publishing.service.gov.uk/government/uploads/system/uploads/attachment_data/file/1055687/joining-up-care-for-people-places-and-populations-web-accessible.pdf. [15]

Díaz-Tendero, A. and J. Ruano (2024), "Long-Term Care Policies in Spain: Welfare State and Resilience in the European Context", *Economies*, Vol. 12/12, p. 347, https://doi.org/10.3390/economies12120347. [37]

European Commission (2022), *A European Care Strategy for caregivers and care receivers, COM(2022) 440 final*, https://ec.europa.eu/social/main.jsp?catId=1570&langId=en. [10]

European Commission (2022), *Spain: Government adapts immigration law to include migrant workers in the labour market*, https://ec.europa.eu/migrant-integration/news/spain-government-adapts-immigration-law-include-migrant-workers-labour-market_en (accessed on 2 November 2023). [14]

European Commission (2017), *European Pillar of Social Rights*, https://commission.europa.eu/strategy-and-policy/priorities-2019-2024/economy-works-people/jobs-growth-and-investment/europe. [9]

European Commission (n.d.), *Recovery and Resilience Scoreboard*, https://ec.europa.eu/economy_finance/recovery-and-resilience-scoreboard/index.html. [12]

Government of Australia (2025), *Home Care Packages Program*, https://www.health.gov.au/our-work/hcp. [32]

Governo Basco (2021), *Estrategia de Atención Sociosanitaria de Euskadi 2021-2024*, https://arretasoziosanitarioa.euskadi.eus/contenidos/documentacion/doc_sosa_soziosanitario_estrat/es_def/adjuntos/estrategia_sociosanitaria_es_web.pdf. [39]

Hatano, Y. et al. (2017), "The Vanguard of Community-based Integrated Care in Japan: The Effect of a Rural Town on National Policy", *International Journal of Integrated Care*, Vol. 17/2, https://doi.org/10.5334/ijic.2451. [21]

ILO (2022), *Care at work: Investing in care leave and services for a more gender equal world*, https://www.ilo.org/global/publications/books/WCMS_838653/lang--en/index.htm. [1]

ILO (2012), *R202 – Social Protection Floors Recommendation, No. 202*, https://www.ilo.org/dyn/normlex/en/f?p=NORMLEXPUB:12100:0::NO::P12100_INSTRUMENT_ID:3065524. [8]

Maino, F., M. Betti and C. De Tommaso (2022), *Allineare gli interventi sulla non autosufficienza al contesto europeo*, Percorsi di secondo welfare, http://www.secondowelfare.it/primo-welfare/allineare-gli-interventi-sulla-non-autosufficienza-al-contesto-europeo/. [41]

National Audit Office (2022), *Introducing Integrated Care Systems: joining up local services to improve health outcomes*, https://www.nao.org.uk/wp-content/uploads/2022/10/Integrated-Care-Systems-Funding-and-accountability-for-local-health-and-care.pdf. [26]

NHS England (n.d.), *What are integrated care systems?*, https://www.england.nhs.uk/integratedcare/. [25]

OECD (2025), *Starting, Scaling and Sustaining Social Innovation: Evidence and Impact of the European Social Fund*, Local Economic and Employment Development (LEED), OECD Publishing, Paris, https://doi.org/10.1787/ec1dfb67-en. [16]

OECD (2024), "Assessing the framework conditions for social innovation in rural areas", *OECD Local Economic and Employment Development (LEED) Papers*, No. 2024/4, OECD Publishing, Paris, https://doi.org/10.1787/74367d76-en. [17]

OECD (2024), *Good practices in delivering integrated care: Examples from the Netherlands, Denmark, France and Ontario, Canada*, https://www.oecd.org/content/dam/oecd/en/about/programmes/dg-reform/ireland/Good%20practices%20in%20delivering%20integrated%20care%20%E2%80%93%20examples%20from%20the%20Netherlands,%20Denmark,%20France%20and%20Ontario,%20Canada%20(Output%204).pdf. [28]

OECD (2024), *Una proposta di modello di intervento per promuovere l'integrazione degli interventi sanitari e sociali a domicilio per persone non autosufficienti - Output 4*, https://www.oecd.org/content/dam/oecd/en/about/programmes/dg-reform/italy-inps/OECD_integrated%20care%20in%20Italy_report%20Output%204_ITA.pdf. [38]

OECD (2022), *Integrating Services for Older People in Lithuania*, OECD Publishing, Paris, https://doi.org/10.1787/c74c44be-en. [13]

OECD (2018), *Japan: Promoting Inclusive Growth for an Ageing Society*, Better Policies, OECD Publishing, Paris, https://doi.org/10.1787/9789264299207-en. [20]

Sano, J. et al. (2023), "An overview of systems for providing integrated and comprehensive care for older people in Japan", *Archives of Public Health*, Vol. 81/1, https://doi.org/10.1186/s13690-023-01076-5. [23]

Szczepura, A. et al. (2023), "Integrated Long-Term Care 'Neighbourhoods' to Support Older Populations: Evolving Strategies in Japan and England", *International Journal of Environmental Research and Public Health*, Vol. 20/14, p. 6352, https://doi.org/10.3390/ijerph20146352. [18]

Tamiya, N. et al. (2011), "Population ageing and wellbeing: lessons from Japan's long-term care insurance policy", *The Lancet*, Vol. 378/9797, pp. 1183-1192, https://doi.org/10.1016/s0140-6736(11)61176-8. [19]

Understanding Patient Data (2024), *New research: The use of data in Integrated Care Systems (ICSs)*, https://understandingpatientdata.org.uk/news/new-research-use-data-integrated-care-systems-icss. [27]

United Nations (2015), *Transforming our world: the 2030 Agenda for Sustainable Development*, https://sdgs.un.org/2030agenda. [3]

United Nations (2006), *Convention on the Rights of Persons with Disabilities, United Nations*, https://www.ohchr.org/en/instruments-mechanisms/instruments/convention-rights-persons-disabilities. [4]

WHO (2020), *Decade of Healthy Ageing: Baseline Report*, https://www.decadeofhealthyageing.org/. [5]

WHO (2019), *Integrated care for older people: guidance for person-centred assessment and pathways in primary care*, https://www.who.int/publications/i/item/9789241513500. [7]

WHO (2017), *Integrated care for older people: Guidelines on community-level interventions to manage declines in intrinsic capacity*, https://www.who.int/ageing/health-systems/icope. [6]

WHO (2015), *World report on ageing and health*, https://www.who.int/publications/i/item/9789241565042. [2]

4 L'integrazione sociosanitaria nell'ambito regionale e locale in Italia

Questo capitolo analizza l'integrazione sociosanitaria a livello regionale e locale in Italia. Esamina le modalità di governance dei servizi per le persone non autosufficienti e analizza l'integrazione a livello professionale. Il capitolo esamina inoltre l'interoperabilità dei sistemi informativi e l'utilizzo di strumenti per l'erogazione integrata dei servizi. Dati provenienti da indagini e focus group forniscono spunti su come i professionisti in Italia percepiscono l'integrazione sul campo, evidenziando sia i progressi compiuti che le sfide persistenti.

Questo capitolo attinge in misura significativa da un'indagine condotta dall'OCSE all'inizio del 2024 come parte integrante del progetto "Verso un'assistenza sociosanitaria integrata incentrata sulla persona in Italia". L'indagine si è rivolta a tutte le regioni e le province autonome italiane per valutare l'attuale livello di integrazione dei servizi sanitari e sociali domiciliari per le persone non autosufficienti.

Il capitolo presenta inoltre degli approfondimenti basati su informazioni raccolte tramite un questionario somministrato a professionisti dell'ambito locale.

4.1. La governance dei servizi di assistenza sociale e sanitaria a domicilio per persone non autosufficienti

In Italia la governance dei servizi di assistenza sociale e sanitaria a domicilio per persone non autosufficienti è altamente decentralizzata, sviluppandosi trasversalmente su diversi livelli di governo: nazionale, regionale o di provincia autonoma e locale (governance multilivello). Come nella maggior parte dei Paesi OCSE, anche in Italia le regioni e le autonomie locali hanno assunto un ruolo crescente nella governance dei servizi dagli anni Settanta ad oggi. Inoltre, per la sua capacità di lettura e di risposta ai bisogni complessi della popolazione non autosufficiente, negli ultimi anni la partecipazione della società civile in generale, e del terzo settore in particolare, nella governance dei servizi ha assunto un ruolo cruciale (governance partecipata).

Diverse iniziative sono state attivate in Italia per favorire un impianto integrato multilivello di governance a programmazione integrata dei servizi di assistenza domiciliare A livello nazionale con l'emanazione del D.lgs. 29/2024 è stato recentemente istituito il Comitato interministeriale per le politiche in favore della popolazione anziana (CIPA) (articolo 3 D.lgs. 29/2024) con il compito di garantire il coordinamento e la programmazione integrata delle politiche nazionali in favore delle persone anziane, con particolare riguardo ai soggetti fragili e non autosufficienti. Inoltre, a livello locale, è stato rafforzato il ruolo degli ATS e dei distretti sanitari, che in un'ottica di integrazione sociosanitaria, provvedono all'erogazione "integrata" dei servizi a favore dei destinatari. Ulteriori spinte all'integrazione sociosanitaria sul piano della governance sono visibili anche nell'ambito del *Piano nazionale per la non autosufficienza 2022-2024*. Allo stesso tempo, è sempre più diffuso l'utilizzo di strumenti per l'organizzazione e il coordinamento delle attività sanitarie e sociali a livello territoriale, tra cui i Programmi delle Attività Territoriali su base regionale, i Piani di Zona su base di Ambito Territoriale Sociale e gli Accordi di Programma per un raccordo tra i diversi livelli governo. A seguito della riforma del Codice del Terzo Settore avvenuta nel 2017, questo è sempre più spesso al centro di iniziative di amministrazione condivisa con il settore pubblico in forma di co-programmazione e co-progettazione.

La quasi totalità delle regioni e delle province autonome rispondenti al questionario OCSE (17 su 18) riportano l'esistenza di propri strumenti di governance per migliorare l'integrazione dei servizi di assistenza. In particolare, 12 regioni hanno promosso l'integrazione sociosanitaria mediante investimenti e progetti specifici e 7 hanno attivato esperienze di co-programmazione con il Terzo Settore.

Nonostante queste sperimentazioni, più della metà del campione (11 su 18) riferisce che, anche sul piano della governance, il livello di integrazione esistente tra le due tipologie di assistenza domiciliare attualmente esistenti in Italia – ADI e SAD – è ampiamente migliorabile. A sostegno di questa valutazione sono addotte, in particolare, le difficoltà ad integrare i modelli di intervento previsti, a coordinare l'erogazione delle prestazioni di natura prevalentemente infermieristica e di sostegno all'inclusione sociale ascrivibili rispettivamente a ADI e SAD, e a incentivare la collaborazione interprofessionale.

4.2. Integrazione sociosanitaria a livello professionale

Una piena integrazione sociosanitaria non può prescindere da un maggiore coordinamento delle figure direttamente coinvolte nelle attività di assistenza. Da un lato, richiede una maggiore compenetrazione tra funzioni e competenze dei professionisti sanitari, sociosanitari e sociali appartenenti al settore formale. Dall'altro, si rende sempre più pressante la necessità di un pieno riconoscimento del ruolo dei caregiver familiari e dagli assistenti personali e familiari che costituiscono il settore informale. Questi rivestono una funzione essenziale di raccordo tra l'offerta dei servizi esistenti e la lettura dei bisogni della persona non autosufficiente e rappresentano una quota preponderante dell'attività di assistenza prestata in Italia.

In Italia gli ostacoli all'integrazione sociosanitaria a livello professionale sono di diversa natura. Sul piano legale, i principi fondanti di tutela della professionalità e della dignità del lavoratore non consentono l'estensione delle mansioni previste a livello contrattuale. Sul piano formativo, il sistema prevalente nell'educazione terziaria nonché nel contesto della formazione continua adotta un approccio settoriale che valorizza in misura limitata la multidisciplinarietà. Ulteriori barriere afferiscono alla carenza di forza lavoro sia nel settore sanitario sia in quello sociale, che riduce il bacino degli utenti di potenziali iniziative di formazione integrata.

L'indagine OCSE rivela che la maggior parte delle regioni e delle province autonome attribuisce la facoltà di richiedere una valutazione e di partecipare all'effettuazione della valutazione stessa a una pluralità di figure professionali (queste due fasi giungono a coinvolgere in alcuni contesti territoriali fino a 8 e a 11 attori, rispettivamente). Inoltre, in quasi tutte le regioni e province autonome rispondenti (16) sono previste opportunità di confronto tra i professionisti coinvolti nella valutazione.

Diversamente, l'integrazione sul piano professionale si dirada nella fase dell'erogazione dei servizi, come emerge non dall'elevato numero di rispondenti che giudicano insufficiente il livello di integrazione tra ADI e SAD, ma anche dal basso numero di regioni (6) che ricorrono alla figura di un case manager per favorire un approccio integrato alla cura. Pratiche internazionali su équipe territoriali e multidisciplinari, e sul loro coordinamento, hanno dimostrato l'efficacia ed efficienza di tali modelli integrati.

La maggior parte delle regioni e delle province autonome italiane dispongono inoltre di una propria normativa che prevede e/o definisce la figura dell'assistente personale o familiare. Data l'elevata prevalenza del lavoro irregolare (tra il 52% e il 76% degli assistenti personali/familiari lavora in maniera irregolare, secondo diverse stime) e le difficoltà nel monitorare la qualità dell'assistenza fornita, alcune regioni hanno adottato misure per favorire l'assunzione regolare degli assistenti, tra le quali incentivi fiscali, contributi economici e la creazione di registri regionali. Tali iniziative potranno essere rafforzate dalle politiche recentemente introdotte a livello nazionale per promuovere e uniformare la formazione degli assistenti personali/familiari e la loro regolare assunzione.

A dispetto di queste evoluzioni promettenti, la grande maggioranza delle regioni e delle province autonome rispondenti all'indagine (14) indica di non disporre di dati sul numero dei caregiver familiari e – nonostante la presenza di rapporti statistici – sugli assistenti personali/familiari attivi nel loro territorio. Ciò rivela un potenziale limite alla loro capacità di sviluppare politiche appropriate per queste figure professionali.

Adottare politiche di sostegno ai caregiver familiari è fondamentale per garantire il benessere di queste figure essenziali nella cura delle persone non autosufficienti e per migliorare la qualità della vita di tutti gli interessati.

4.3. L'interoperabilità dei sistemi informativi

La disponibilità di dati nel settore sanitario e sociale è fondamentale per una progettazione e un monitoraggio efficace delle politiche pubbliche in questi ambiti. Uno strumento chiave per una piena integrazione è dato dall'interoperabilità dei rispettivi sistemi informativi. Una gestione efficiente dei dati sanitari e sociali può consentire ai professionisti sanitari, sociosanitari e sociali di pianificare gli interventi in modo pienamente informato. Inoltre, la presenza di sistemi informativi interoperabili può innalzare l'equità del sistema di assistenza, la qualità degli interventi e la partecipazione dei pazienti alla pianificazione degli interventi. In Italia, tale obiettivo trova un primo limite nella notevole divergenza tra il livello di digitalizzazione dei sistemi informativi sociali e sanitari.

Nel settore sociale, il *Sistema Informativo Unitario dei Servizi Sociali* (SIUSS), introdotto a livello nazionale nel 2017, rappresenta una risorsa informativa dal grande potenziale per la raccolta di dati sulle prestazioni sociali, proponendosi al decisore politico come strumento a sostegno della programmazione, del monitoraggio e della valutazione delle politiche sociali.

Tuttavia, il suo utilizzo è frenato dalla limitata trasmissione dei dati da parte dei Comuni, molti dei quali non hanno ancora adottato soluzioni digitalizzate, dando vita a un panorama informativo ancora frammentario. A livello regionale e locale, l'indagine dell'OCSE rivela inoltre la presenza di uno strumento digitale innovativo per la gestione e l'archiviazione delle informazioni relative ai servizi sociali: la Cartella Sociale Informatizzata (CSI), già attiva o in procinto di essere attivata in 15 delle 18 regioni e province autonome rispondenti. Tuttavia, l'attuazione della CSI è frammentaria a livello territoriale, anche all'interno delle singole regioni. Tra i maggiori ostacoli alla sua completa implementazione si indicano la mancanza di strumenti tecnico-informatici adeguati e problematiche legate alla privacy.

Nel settore sanitario la digitalizzazione dei sistemi informativi appare più avanzata e meno frammentata. Già dagli anni Novanta sono stati introdotti diversi strumenti. Tra questi, il *Sistema Informativo per il Monitoraggio dell'Assistenza Domiciliare* (SIAD) consente la raccolta dei dati sugli interventi sanitari e sociosanitari erogati dal Servizio sanitario nazionale nel contesto dell'assistenza domiciliare. Il *Fascicolo Sanitario Elettronico* (FSE), istituito nel 2015, consente inoltre sia ai professionisti che al paziente di accedere agevolmente ai dati sanitari. Tra le regioni rispondenti all'indagine, 9 indicano che problematiche legate alla privacy, la resistenza degli operatori sanitari e la carenza di formazione specifica ostano alla completa implementazione del FSE a livello territoriale. Il potenziamento dell'utilizzo del FSE sarà incentivato su tutto il territorio nazionale dalla Cabina di Regia del Nuovo Sistema Informativo Sanitario (NSIS), che stabilisce gli obiettivi strategici e le nuove funzionalità del FSE.

Alle carenze esposte nella digitalizzazione dei sistemi informativi sanitari e sociali si accompagna un limitato livello di interoperabilità tra gli stessi, riscontrabile sia a livello nazionale che regionale. L'indagine indica che solo in 3 regioni è attualmente in corso di preparazione un sistema informativo integrato per ADI e SAD; anche in questo frangente i principali ostacoli riscontrati sono legati alla privacy e alla carenza di strumenti tecnico-informativi adeguati. Alcune recenti iniziative nazionali finalizzate a promuovere l'interoperabilità dei dati, in particolare quella relativa all'istituzione Piattaforma Digitale Nazionale Dati (PDND), potranno incoraggiare l'emersione di nuove esperienze regionali e locali anche nel settore sociosanitario.

4.4. Strumenti per l'erogazione integrata

Il coordinamento delle modalità di intervento nell'assistenza alla persona non autosufficiente rappresenta l'ultimo dei pilastri dell'integrazione sociosanitaria descritti in questo rapporto. Come già menzionato, in Italia sono previsti due servizi domiciliari diversi per modello culturale di riferimento e per la natura delle prestazioni offerte: ADI, che rientra nella competenza del Servizio sanitario nazionale, e SAD, che è invece un servizio sociale di competenza dei Comuni.

In virtù di queste differenze, la maggioranza delle regioni ritiene ampiamente migliorabile il livello di integrazione tra questi due modelli di erogazione di servizi.

Il cruscotto preliminare riportato qui di seguito (Figura 4.1) basato su un set di 34 indicatori suddivisi per le quattro aree di policy permette di stimare, con un livello accettabile di approssimazione, quale livello d'integrazione si sia raggiunto nelle 18 regioni e province autonome che hanno partecipato all'indagine. Il colore rosso scuro indica un grado di integrazione molto limitato, mentre il progressivo viraggio al verde indica un modello di servizi sociosanitari integrati sempre più avanzato e completo.

Figura 4.1. I livelli di integrazione variano notevolmente tra regioni e province autonome

Fonte: OECD, basato su indagini alle regioni e province autonome.

4.5. Approfondimento: le percezioni dei professionisti sull'integrazione a livello locale

Nell'ambito della fase pilota del progetto è stato analizzato il punto di vista dei professionisti – assistenti sociali, infermieri territoriali, operatori sociosanitari, medici di medicina generale, geriatri, educatori, fisioterapisti ed amministrativi - sul livello di maturità dell'integrazione. Fonti principali per la raccolta di informazioni sono stati focus group, condotti in 14 ambiti locali, ed il questionario "Scirocco" (vedere Box 4.1) sul livello di maturità dell'integrazione.

4.5.1. Le risposte al questionario "Scirocco"

Il questionario "Scirocco", somministrato online fra il 9 dicembre 2024 al 11 febbraio 2025, ha ricevuto un totale di 500 risposte, permettendo di analizzare 12 dimensioni di integrazione – dalla governance al coordinamento dei processi ed i finanziamenti (vedere Box 4.1).

Box 4.1. Il questionario "Scirocco"

Il questionario è stato sviluppato nell'ambito del progetto SCIROCCO Exchange finanziato dal Health Programme dell'Unione Europea (www.sciroccoexchange.com). Il questionario valuta il grado di maturità delle cure integrate e consente di individuare punti di miglioramento e barriere all'integrazione attraverso 12 domande:

- **Prontezza al cambiamento**: Esiste il riconoscimento della necessità di creare nuovi ruoli, nuovi processi e pratiche di lavoro, nuovi sistemi a supporto dello scambio di informazioni e della collaborazione dei team?
- **Governance**: Esiste una adeguata struttura multilivello e multistakeholder di governance?
- **Infrastrutture digitali**: Esite un sistema informativo integrato ed interoperabile?
- **Coordinamento dei processi**: Esiste un approccio sistematico alla definizione di percorsi di cura integrati?
- **Finanziamenti**: Sono disponibili finanziamenti certi e pluriennali e/o meccanismi di rimborso accessibili a tutti gli stakeholder per garantire la sostenibilità dell'erogazione di interventi e servizi?
- **Rimozione degli inibitori**: Gli ostacoli al cambiamento – quali problemi legali, resistenza al cambiamento da parte di singole persone o ordini professionali, barriere culturali rispetto all'uso delle tecnologie, meccanismi finanziari perversi, mancanza di competenze – sono stati rimossi?
- **Approccio di popolazione**: La stratificazione della popolazione sulla base dei bisogni è pienamente implementata?
- **Empowerment dei cittadini**: I cittadini sono resi partecipi dei processi decisionali relativi agli interventi per il mantenimento ed il miglioramento del loro stato di salute e sono inclusi anche nelle decisioni che riguardano l'erogazione dei servizi e le scelte politiche?
- **Metodi di valutazione**: L'approccio alla valutazione è sistematico e rappresenta un ciclo completo?
- **Ampiezza dell'ambizione**: È in atto la piena integrazione tra i servizi sociali e i servizi sanitari?
- **Gestione dell'innovazione**: L'innovazione è riconosciuta, valutata e, dove possibile, estesa per apportare benefici a tutto il sistema?
- **Costruzione e rafforzamento delle competenze** (*Capacity Building*): È in essere un sistema di erogazione di cure integrate orientato alla persona che comporta riflessione e miglioramento continuo della forza lavoro?

Fonte: AReSS Puglia, Agenzia regionale strategica per la salute e il sociale (n.d.[1]).

La Figura 4.2 riporta la media del punteggio e la variabilità per ambito territoriale pilota per ognuna delle 12 dimensioni della valutazione. Nello specifico, tutte le dimensioni hanno – in media – ricevuto un punteggio inferiore a 3.5, valore medio della scala di valutazione (i punteggi variano da 1 a 6). Il "coordinamento dei processi" e l'"ampiezza dell'ambizione" "sono le due dimensioni di integrazione che hanno ricevuto i punteggi medi più alti (3.3). Il grado di integrazione è ritenuto meno elevato per la "rimozione degli inibitori" (2.5) e le "infrastrutture digitali" (2.7). Il punteggio dell'"ampiezza dell'ambizione" presenta la più alta variabilità fra ambiti territoriali, mentre il punteggio delle dimensioni "struttura e governance" e "gestione dell'innovazione" presenta la più bassa variabilità fra ambiti territoriali.

Figura 4.2. Media punteggio per dimensione di integrazione

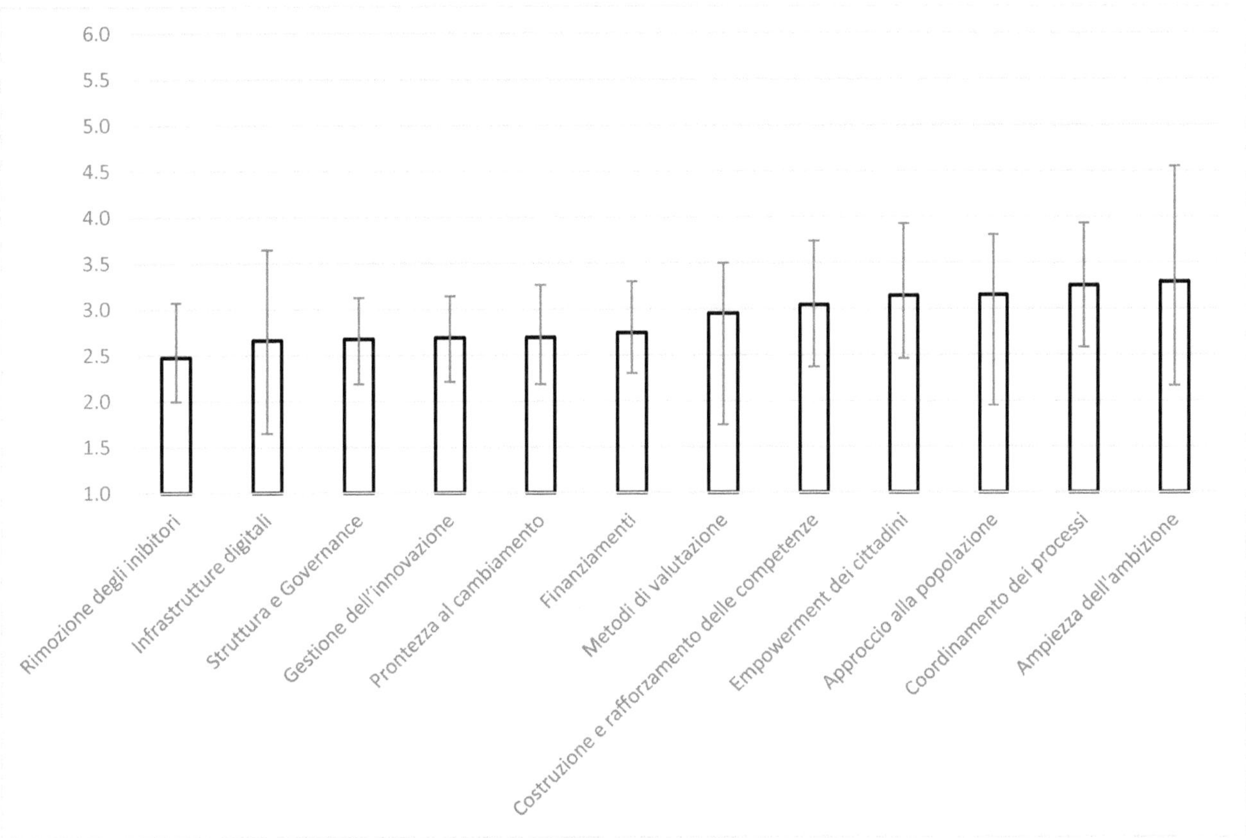

Note: Oltre al valore medio, è riportata la variabilità di punteggio fra ambiti territoriali.
Fonte: Questionario Scirocco, vedere Box 4.1.

La Figura 4.3 descrive i punteggi medi per dimensione di valutazione per ambito territoriale. Gli operatori di Trento Sud hanno attribuito punteggi sistematicamente superiori alla media, mentre gli operatori di Conversano e Merano hanno assegnato un valore più basso della media a tutti i 12 ambiti di valutazione del grado di integrazione.

La Figura 4.4 riporta la media dei punteggi per ruolo professionale (500 risposte). Gli infermieri territoriali e i professionisti degli "altri ruoli professionali" (e.g. geriatri, educatori) che hanno risposto al questionario hanno assegnato un valore più alto della media a tutti i 12 ambiti di valutazione del grado di integrazione. Gli operatori socio sanitari e gli assistenti sociali hanno attribuito punteggi sistematicamente inferiori alla media.

Figura 4.3. Media punteggio per dimensione di integrazione per ambito territoriale pilota

Ambito pilota	PRONTEZZA AL CAMBIAMENTO	STRUTTURA E GOVERNANCE	INFRASTRUTTURE DIGITALI	COORDINAMENTO DEI PROCESSI	FINANZIAMENTI	RIMOZIONE DEGLI INIBITORI	APPROCCIO ALLA POPOLAZIONE	EMPOWERMENT DEI CITTADINI	METODI DI VALUTAZIONE	AMPIEZZA DELL'AMBIZIONE	GESTIONE DELL' INNOVAZIONE	COSTRUZIONE/ RAFFORZAMENTO COMPETENZE	Numero risposte	% risposte sul totale
Chiavarese-Tigullio-Tigullio Occidentale	3.1	3	3.6	3.5	3.3	2.5	3.5	3.4	3.2	4.3	3.1	3.3	31	6.3
Conversano	2.3	2.2	2.4	2.6	2.4	2.2	2.6	2.5	2.4	2.2	2.3	2.9	37	7.6
Empolese-Valdarno-Valdelsa	3	3.1	3	3.6	2.6	2.8	3.2	3.5	3.5	3.6	3.1	3.3	33	6.7
Lugo di Romagna	2.9	3	3.1	3.7	2.7	2.6	3.8	3.1	3.2	3.4	2.8	3.1	87	17.8
Merano circondario	2.4	2.4	1.7	2.6	2.3	2	1.9	2.8	1.7	2.2	2.2	2.4	19	3.9
Piacenza città	2.2	2.3	1.8	3	3.3	2.5	3.4	3.9	3.4	3.7	2.7	3.3	27	5.5
Portogruaro	2.5	2.7	3	3.2	2.6	2.5	2.8	2.6	2.7	3	2.5	2.6	72	14.7
Trento sud	3.3	3.1	3	3.9	3.2	3.1	3.7	3.8	3.4	4.5	3.1	3.7	42	8.6
Val Badia	2.9	2.6	1.7	3.1	2.9	2.5	3.4	3.7	2.5	2.8	2.3	3	20	4.1
Valle del Serchio	2.8	2.8	2.9	3.2	2.6	2.4	3.3	2.8	3.5	3.8	2.9	3	16	3.3
Vicenza	2.4	2.4	3	3.4	2.3	2.4	3	2.5	2.9	2.8	2.5	2.7	106	21.6
Totale	**2.7**	**2.7**	**2.7**	**3.3**	**2.7**	**2.5**	**3.1**	**3.1**	**2.9**	**3.3**	**2.7**	**3**	**490**	**100**

Note: Scala di colori, dove verde scuro indica nettamente superiore alla media e rosso nettamente inferiore.
Dalle analisi per ambito territoriale pilota sono stati esclusi Casentino, Cerignola e Lecce città in quanto il numero di risposte è inferiore a 10. Pertanto, l'analisi per ambito territoriale pilota è basata su 490 risposte.
Fonte: Questionario Scirocco, vedere Box 4.1.

Figura 4.4. Media punteggio per dimensione di integrazione per ruolo professionale

Ruolo professionale	PRONTEZZA AL CAMBIAMENTO	STRUTTURA E GOVERNANCE	INFRASTRUTTURE DIGITALI	COORDINAMENTO DEI PROCESSI	FINANZIAMENTI	RIMOZIONE DEGLI INIBITORI	APPROCCIO ALLA POPOLAZIONE	EMPOWERMENT DEI CITTADINI	METODI DI VALUTAZIONE	AMPIEZZA DELL'AMBIZIONE	GESTIONE DELL' INNOVAZIONE	COSTRUZIONE/ RAFFORZAMENTO COMPETENZE	Numero risposte	%risposte sul totale
Assistente sociale	2.7	2.6	2.5	3	2.5	2.3	3.1	2.9	2.9	3.2	2.4	2.8	128	25.6
Infermiere territoriale	2.9	2.9	2.9	3.6	2.8	2.7	3.4	3.2	3.1	3.4	3	3.3	171	34.2
Medico di medicina generale	2.4	2.4	3.2	3.6	2.2	2.4	3	2.4	2.8	2.8	2.3	2.5	64	12.8
Operatore socio sanitario	2.2	2.3	2.4	2.8	2.7	2.4	2.8	2.8	2.7	2.6	2.3	2.9	43	8.6
Altro ruolo professionale	2.9	3	3.3	3.5	2.9	2.5	3.2	3.2	3.1	3.5	2.8	3.1	94	18.8
Totale	2.7	2.7	2.8	3.4	2.7	2.5	3.2	3	3	3.2	2.7	3	500	100

Note: Scala di colori, dove verde scuro indica nettamente superiore alla media e rosso nettamente inferiore.
La categoria "Altro ruolo professionale" include Geriatri (N=11), Educatori (N=7), Fisioterapisti (N=7) e Amministrativi (N=6).
Fonte: Questionario Scirocco, vedere Box 4.1.

4.5.2. *Focus group territoriali*

Per approfondire le informazioni raccolte e cogliere le specificità e complessità dell'integrazione sociosanitaria nei territori italiani, tra febbraio e marzo 2025 sono stati condotti 14 focus group in cinque regioni e due province autonome pilota. In totale hanno partecipato 191 professionisti dei servizi sociali, sanitari e sociosanitari (ulteriori dettagli sono riportati nell'Allegato 4.A).

I focus group, della durata di quattro ore ciascuno, sono stati condotti presso gli ambiti territoriali pilota utilizzando come riferimento il modello di analisi dell'integrazione presentato in un capitolo precedente di questo rapporto e articolati in tre sessioni tematiche principali: l'integrazione strutturale e sistemica; le caratteristiche che ne connotano la portata innovativa; e il ruolo del welfare di comunità:

- **Integrazione strutturale e sistemica** – ovvero il passaggio dall'integrazione intesa come semplice giustapposizione di prestazioni sanitarie e sociali in riferimento a singoli casi complessi, all'integrazione come legame permanente e pre-organizzato per la risposta unitaria ai bisogni complessi di salute (multi-cronicità, non autosufficienza e disabilità, fragilità e marginalità sociale): è emersa con chiarezza la necessità di superare la logica prestazionale e frammentata dei servizi, orientata alla gestione episodica di singoli casi, e di favore modelli organizzativi capaci di rispondere in modo unitario e continuativo ai bisogni complessi delle persone anziane non autosufficienti. Tale transizione richiede una revisione degli assetti organizzativi esistenti, ancora segnati da una logica a silos. I partecipanti hanno sottolineato l'assenza di un elemento catalizzatore che favorisca l'azione integrata tra servizi sanitari, sociosanitari e sociali, senza il quale i professionisti spesso continuano a operare lungo filiere parallele. Alcuni contesti – come l'ATS di Lugo di Romagna e la Società della Salute Empolese-Valdelsa – hanno sviluppato assetti organizzativi "nativamente integrati", supportati da strumenti di governance condivisa, che costituiscono pratiche promettenti verso modelli più evoluti di presa in carico integrata.
- **Caratteristiche che ne connotano la portata innovativa** – ovvero setting assistenziale domiciliare, l'elevata complessità dei bisogni di salute, e la necessità di un'azione continuativa e di lungo termine: queste tre caratteristiche mettono in seria difficoltà gli assetti organizzativi esistenti, spesso ancora improntati a risposte di tipo prestazionale, frammentate per settore e limitate nella durata – ragione per cui le attività domiciliari rappresentano il campo di azione da sempre meno sviluppato. Davanti a una domanda complessa non è possibile fornire risposte parziali: è necessario costruire Piani Assistenziali Individualizzati (PAI) in grado di ricomporre in modo coerente gli esiti delle valutazioni multidimensionali, superando la frammentazione attuale e integrando gli interventi sanitari, sociali e di tutela. È quindi indispensabile disporre di un'infrastruttura territoriale solida e diffusa, che colleghi la filiera della domiciliarità con i presidi di cronicità e prossimità, e che permetta di articolare un *continuum* di presa in carico fondato su tre componenti chiave: sanità d'iniziativa, assistenza integrata e tutela delle vulnerabilità sociali. Tale approccio richiede strumenti organizzativi specifici – come micro-équipe multiprofessionali, visite domiciliari congiunte, schede di valutazione unitarie e programmi assistenziali integrati – e una forte capacità relazionale con la persona, la famiglia e i *caregiver*. Esempi rilevanti in tal senso provengono dai distretti di Vicenza e Lecce, dove sono stati sviluppati modelli capaci di superare la mera giustapposizione di prestazioni e di offrire risposte integrate all'intero nucleo familiare tramite una doppia capacità: lo sviluppo da parte delle strutture pubbliche sanitarie e sociali di una relazione ampia e coinvolgente con la persona, il *caregiver* e l'eventuale assistente familiare; e la creazione di un sistema evoluto di accreditamento in grado di rispondere in modo appropriato all'intero ventaglio di un PAI che affronta cura, assistenza e tutela.
- **Welfare di comunità** – ovvero il contesto delle reti complesse sanitarie e sociali, pubbliche e private, formali e informali, limitate o diffuse, in grado di contribuire alla costruzione delle risposte di salute nell'ambito territoriale considerato: tali risposte si fondano non solo sulla cura dei bisogni di salute, ma anche sul sostegno e sull'interazione tra i diversi soggetti organizzati di una comunità

territoriale, valorizzandone e qualificandone i diversi ruoli, competenze, funzioni e capacità. Costruire welfare di comunità richiede un'azione intenzionale e proattiva per la costruzione di reti stabili e per la promozione di un senso di appartenenza come fonte di benessere condiviso tra istituzioni, organizzazioni pubbliche e private, persone e famiglie, anche attraverso strumenti di amministrazione condivisa quali la co-programmazione e la co-progettazione. La domiciliarità, per sua natura, si sviluppa all'interno dei contesti familiari e comunitari, i cui equilibri influenzano direttamente la possibilità di fornire un'assistenza adeguata e continuativa. Oltre al lavoro con la famiglia, il lavoro con le organizzazioni della comunità è parte integrante e costitutiva del setting domiciliare e, se per alcuni ambiti settoriali c'è aiuto da parte del volontariato, costruire reti permanenti con gli Enti del Terzo Settore rimane una sfida. Per questo motivo, è necessario investire su professionalità capaci di agire da ponte tra sistema pubblico e organizzazioni della società civile, sostenendo la transizione dalle relazioni informali di vicinato a reti strutturate e finalizzate. Esperienze maturate in territori come Chiavari, Rovereto o la Val Badia dimostrano la possibilità di promuovere una maggiore integrazione tra servizi pubblici e comunità attiva, ad esempio attraverso la figura dell'infermiere di famiglia e comunità o la creazione di "tavoli permanenti di solidarietà" a vocazione socioassistenziale ed educativa.

Inoltre, in tutti i 14 focus group sono emersi, seppur con intensità diverse, elementi comuni e trasversali che meritano attenzione nella formulazione di risposte ai bisogni:

- L'esigenza di **codificare, istituzionalizzare e trasformare in uno strumento operativo** quanto finora è stato costruito nella pratica quotidiana, grazie a iniziative basate principalmente sulla buona volontà e sulla disponibilità degli operatori sanitari e sociali a collaborare e condividere esperienze.
- La **mancanza o la difficoltà di utilizzo di strumenti informatici**, che ostacola sia il necessario scambio di informazioni sia l'attuazione di una presa in carico realmente integrata e globale della persona.
- Un **notevole impiego di risorse umane ed economiche** pur riuscendo a coinvolgere solo un numero limitato di destinatari, e sebbene siano stati realizzati interventi di alta qualità e valore.
- **Difficoltà nel dialogo e nell'interazione** tra i diversi attori coinvolti, che compromette l'efficacia complessiva degli interventi.
- Criticità legate al **reperimento del personale** e alla **carenza di una formazione adeguata** degli operatori: la domanda di forza lavoro nella long-term care è in crescita, ma il settore fatica a rispondere a causa di condizioni di lavoro poco attrattive, bassi salari, contratti precari e limitate opportunità formative, che ostacolano reclutamento, fidelizzazione e qualità dell'assistenza. A ciò si aggiunge la scarsità di momenti strutturati di confronto, che limita ulteriormente lo sviluppo di competenze condivise e la costruzione di un approccio comune.

Allegato 4.A. Informazioni sui focus group

Sono stati condotti 14 focus group in 5 regioni e 2 province autonome pilota nel periodo febbraio-marzo 2025, per un totale di 191 professionisti partecipanti – inclusi operatori sociosanitari, amministratori locali, rappresentanti delle organizzazioni dei pazienti e altri stakeholder rilevanti. La data, il luogo ed il numero di partecipanti in ogni focus group sono presentati in Figura 4.5.

Il confronto guidato dei focus group si è concentrato su aspetti quali barriere strutturali e organizzative; facilitatori esistenti; esperienze di successo e insuccesso; proposte concrete per migliorare l'integrazione delle cure; l'implementazione di nuovi strumenti di valutazione basati sui bisogni; la promozione dell'interoperabilità dei sistemi informativi; e lo sviluppo delle competenze e capacità per le cure integrate.

Figura 4.5. Luogo, data e numero di partecipanti ai focus group

Regione-PA	Azienda	Distretti/Ambiti territoriali	Sede focus group	Data focus group	Numero partecipanti dei Distretti/Ambiti territoriali
Provincia Autonoma Bolzano	Azienda Sanitaria dell'Alto Adige	San Martino in Badia	Piccolino (BZ)	18 febbraio 2025	14
		Merano-Circondario	Merano (BZ)	19 febbraio 2025	13
Emilia-Romagna	AUSL Romagna	Lugo	Lugo (RA)	28 febbraio 2025	11
	AUSL Piacenza	Piacenza	Piacenza	27 febbraio 2025	13
Puglia	ASL Lecce	ATS/DSS di Lecce	Lecce	10 marzo 2025	9
	ASL Foggia	ATS/DSS di Cerignola	Cerignola (FG)	11 marzo 2025	15
	ASL Bari	ATS/DSS di Conversano	Conversano (BA)	12 marzo 2025	14
Liguria	ASL 4 Liguria	Distretto 14 Tigullio occidentale Distretto 15 Chiavarese Distretto 16 Tigullio	Chiavari (GE)	27 marzo 2025	21
Provincia Autonoma Trento	Azienda Provinciale per i Servizi Sanitari PAT	Distretto Sanitario Sud	Rovereto (TN)	17 febbraio 2025	14
Toscana	Azienda USL Toscana Centro	Società della Salute Empolese-Valdarno-Valdelsa	Empoli	25 marzo 2025	16
	Azienda USL Toscana Nord-Ovest	Zona Distretto Valle del Serchio	Bagni di Lucca (LU)	24 marzo 2025	13
	Azienda USL Toscana Sud-Est	Zona Distretto Casentino	Bibbiena (AR)	26 marzo 2025	15
Veneto	Azienda ULSS 8 Berica	ATS 6 Vicenza	Vicenza	19 marzo 2025	13
	Azienda ULSS 4 Veneto Orientale	ATS 10 Portogruaro	San Donà di Piave	20 marzo 2025	10

La popolazione – totale e di età superiore ai 65 anni – e la tipologia dei comuni coinvolti – Centri versus Aree Interne – negli ambiti territoriali pilota è riportata nella Figura 4.6.

Figura 4.6. Struttura della popolazione degli ambiti territoriali pilota del progetto

Regione-PA	Azienda	Distretti/Ambiti	Popolazione totale	Popolazione 65 + (%)	% popolazione "Centri"	% popolazione "Aree Interne"
Provincia Autonoma Bolzano	Azienda Sanitaria dell'Alto Adige	San Martino in Badia	11,262	18%	0.00	1.00
		Merano-Circondario	58,264	21%	0.00	1.00
		Totale PAB Pilota	**69,526**	**20%**		
		% Pilota	13%			
Emilia-Romagna	AUSL Romagna	Lugo	101,501	26%	1.00	0.00
	AUSL Piacenza	Piacenza	103,121	23%	1.00	0.00
		Emilia-Romagna Pilota	**204,622**	**24%**		
		% Pilota	5%			
Puglia	ASL Lecce	ATS/DSS di Lecce	176,109	23%	1.00	0.00
	ASL Foggia	ATS/DSS di Cerignola	94,753	17%	0.28	0.72
	ASL Bari	ATS/DSS di Conversano	91,119	23%	0.00	1.00
		Totale Puglia Pilota	**361,981**	**21%**		
		% Pilota	9%			
Liguria	ASL 4 Liguria	Distretto 14 Tigullio occidentale	40,612	29%	0.91	0.09
		Distretto 15 Chiavarese	69,336	28%		
		Distretto 16 Tigullio	30,903	29%		
		Totale Liguria Pilota	**140,851**	**28%**		
		% Pilota	9%			
Provincia Autonoma Trento	Azienda Provinciale per i Servizi Sanitari PAT	Distretto Sanitario Sud	49,409	22%	0.00	1.00
		Totale PAT Pilota	**49,409**	**22%**		
		% Pilota	9%			
Toscana	Azienda USL Toscana Centro	Società della Salute Empolese-Valdarno-Valdelsa	241,196	23%	0.90	0.10
	Azienda USL Toscana Nord-Ovest	Zona Distretto Valle del Serchio	36,598	28%	0.00	1.00
	Azienda USL Toscana Sud-Est	Zona Distretto Casentino	33,601	27%	0.09	0.91
		Totale Toscana Pilota	**311,395**	**24%**		
		% Pilota	8%			
Veneto	Azienda ULSS 8 Berica	ATS 6 Vicenza	314,078	22%	0.92	0.08
	Azienda ULSS 4 Veneto Orientale	ATS 10 Portogruaro	225,966	24%	0.31	0.69
		Totale Veneto Pilota	**540,044**	**23%**		
		% Pilota	11%			

Nota: "PA"= Provincia autonoma.

Bibliografia

AReSS Puglia, Agenzia regionale strategica per la salute e il sociale (n.d.), *Scirocco Exchange*, https://aress.regione.puglia.it/aree-tematiche/sanita-integrata-e-digitale/scirocco-exchange. [1]

5 Un possibile ciclo per le cure domiciliari integrate

Questo capitolo presenta un possibile ciclo per le cure domiciliari integrate in Italia. Definisce un percorso assistenziale integrato basato su una un accesso unificato ed una valutazione e pianificazione personalizzata dell'assistenza, sottolineando l'importanza del coordinamento tra supporto sanitario, sociale e familiare. Esamina poi il mix di interventi e soggetti erogatori necessari per fornire risposte complete e la mobilitazione di risorse pubbliche e private per sostenere l'assistenza domiciliare. Infine, il capitolo identifica i fattori chiave abilitanti per l'integrazione, tra cui un quadro giuridico e istituzionale di supporto, ecosistemi di economia sociale più solidi, sistemi di monitoraggio e informazione, l'uso di tecnologie sanitarie economicamente vantaggiose ed il rafforzamento delle competenze e conoscenze della forza lavoro per erogare in modo efficace cure integrate.

5.1. Un possibile ciclo delle cure domiciliari integrate per l'Italia

Un sistema di cure domiciliari in grado di proporsi come una realistica ed effettiva risposta alla domanda di salute delle persone anziane non autosufficienti, e dei loro nuclei familiari, deve affrontare contemporaneamente le tre dimensioni della cura, dell'assistenza e della tutela senza sottrarsi alla complessità che ne deriva.

Per la sanità si pone la questione fondamentale del 'lungo termine' nelle attività domiciliari, setting invece affrontato nella residenzialità e semi residenzialità attraverso la cosiddetta 'lungo assistenza' di cui all'art. 30 del DPCM 'Nuovi LEA' del 2017. Le organizzazioni sanitarie sono sempre più abituate a operare attraverso l'erogazione di singole prestazioni, destinate alla fruizione da parte di singole persone, somministrate in un lasso di tempo determinato anche da precisi elementi di appropriatezza temporale e di durata. Fuori da questo canone (singole prestazioni, a fruizione singola, con somministrazione pre-determinata) le attuali organizzazioni sanitarie fanno sempre più fatica a comprendere, organizzare e gestire l'insieme delle interazioni necessarie per erogare prestazioni concatenate tra loro e guidate da processi assistenziali multidimensionali. Se questa fatica è visibilmente riscontrabile nei setting a totale gestione sanitaria (ospedalieri, ambulatoriali, residenziali), le difficoltà emergono con ancora più forza nei setting domiciliari in cui alla complessità dei processi assistenziali multidimensionali si aggiungono anche le complessità dovute alle capacità individuali della persona in cura, alla sua condizione familiare e alle caratteristiche abitative e insediative. Complessità che nel 'lungo termine' non sono circoscrivibili in slot assistenziali con un termine predefinito di efficacia e appropriatezza, e che oltretutto sono caratterizzate da 'instabilità clinica e sintomi di difficile controllo, che richiedono continuità assistenziale ed interventi programmati' come recita per l'ADI di 3° livello il comma 3, lettera d), dell'art. 23 del DPCM 'Nuovi LEA' del 2017.

Per il sociale si pone la questione fondamentale della reale 'consistenza ed estensione della tutela' assicurata dalle organizzazioni comunali alle persone e alle famiglie in condizioni di svantaggio e con assistenza domiciliare. Il contenuto della funzione pubblica fondamentale di 'Assistenza Sociale' consiste nella 'progettazione e gestione del sistema locale dei servizi sociali e l'erogazione delle relative prestazioni ai cittadini, secondo quanto previsto dall'articolo 118, quarto comma, della Costituzione'. Il punto focale della erogazione delle prestazioni è condizionato sia alla prova dei mezzi (ISEE) sia alla valutazione dei bisogni di protezione, assistenza, sostegno e supporto sociale, che derivano dalle condizioni della persona, della sua famiglia, delle reti formali e informali di riferimento. Il carattere di 'tutela' della funzione pubblica di Assistenza Sociale si esplica appunto in questo filtro di accesso, che concentra le azioni pubbliche sulle persone e sui nuclei familiari in maggiore difficoltà per contribuire a recuperare gradi di autonomia rispetto alle disuguaglianze economiche, sociali, lavorative, abitative, della formazione, dell'istruzione, coniugate con i caratteri funzionali e bio-psico-sociali individuali. Tuttavia, le attuali capacità di risposta dei servizi sociali comunali sono ridotte, come è di conseguenza ridotta la capacità di azione del Servizio di Assistenza Domiciliare. Al riguardo, giova segnalare, che nell'ambito del D.lgs. 29/2024, è stata affrontata la tematica della semiresidenzialità che, in un'ottica socioassistenziale, mira a contrastare l'isolamento sociale e i processi di degenerazione delle condizioni personali delle persone anziane.

Il mancato coordinamento sistemico e strutturale tra ADI e SAD è sempre stato ritenuto l'elemento responsabile della fragilità storica dei servizi domiciliari dedicati ai bisogni complessi e multidimensionali, ma forse occorre aggiungerne altri di pari entità e interni alle organizzazioni della sanità e del sociale:

- La propensione delle organizzazioni sanitarie a erogare prestazioni domiciliari e non servizi di assistenza domiciliare, per di più concepiti in modo standardizzato e preformato sia nei contenuti che nella durata anche nel caso delle persone anziane non autosufficienti.
- La ridotta estensione e portata delle azioni di assistenza tutelare svolte dai comuni verso le persone e i nuclei familiari con fragilità o marginalità sociali, interventi al momento troppo esigui

per sostenere il progressivo aumento delle disuguaglianze e l'avanzamento delle condizioni di povertà.

Tuttavia, la questione centrale per una proposta di assistenza domiciliare di lungo termine è quella della assistenza alla persona. Posta tra la cura sanitaria e la tutela sociale, questa dimensione è di fatto quasi del tutto delegata alle capacità di tenuta interna delle famiglie e alle capacità economiche private, a eccezione della Indennità di Accompagnamento e delle altre forme di contribuzioni. Indennità e contribuzioni che però non trovano una regia in grado di coordinarle, integrarle e finalizzarle nella giornata-tipo assistenziale di una persona non autosufficiente in domiciliarità. Una finalizzazione niente affatto banale, perché è indispensabile organizzarla sia verso le esigenze specifiche della persona e della famiglia che riguardano l'espletamento delle ordinarie funzioni di vita, sia verso la fruizione del complesso organizzativo esterno al domicilio ma essenziale per la cura delle patologie, la promozione della salute, la conservazione delle residue capacità di autonomia individuale, il sollievo e il sostegno delle persone e delle famiglie.

Una strada percorribile è quella di ricomporre, ovvero riunificare le funzioni sociale (tutela), sanitaria (cura) e assistenziale lasciandone invariate le attuali titolarità. Tale approccio prevede lo svolgimento congiunto sia delle attività di programmazione (la programmazione integrata) sia di quelle di erogazione (l'organizzazione territoriale unitaria), attraverso organismi unitari di governance che comprendano i diversi soggetti interessati a livello di Stato, di regioni e di territori (governance multilivello) (Caiolfa, 2022[1]).Il ciclo proposto per il complessivo sistema delle cure domiciliari riflette tale approccio e si basa su tre macro-funzioni da porre in rapporto reciproco (Figura 5.1):

- Il percorso assistenziale integrato
- Il mix di interventi e di soggetti erogatori
- L'insieme delle risorse attivabili e finalizzabili.

La stratificazione della popolazione – seguendo i modelli e standard per l'assistenza territoriale definiti dal DM 77/2022 – è decisiva per organizzare i sistemi di presa in carico degli individui sulla base del livello dei bisogni socioassistenziali. I sistemi di stratificazione hanno un grande punto di forza, poiché possono essere definiti su molteplici livelli della programmazione sanitaria - nazionale, regionale, e aziendale – per adattarsi nel migliore dei modi alle diverse caratteristiche della domanda di assistenza di un territorio. A tali strumenti di stratificazione potranno essere affiancati sistemi di classificazione del grado di non autosufficienza[1] utili per la differenziazione e graduazione degli interventi a supporto di un ciclo delle cure domiciliari integrate.

Figura 5.1. Un possible ciclo delle cure domiciliari integrate

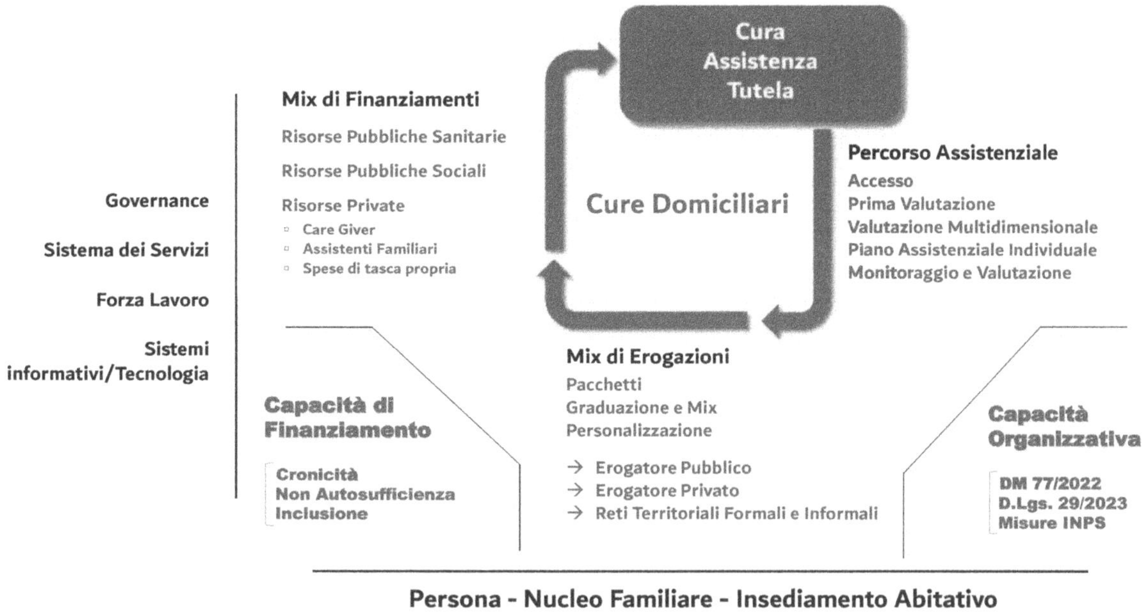

5.1.1. Il percorso assistenziale integrato

È considerato fondamentale riuscire a costruire un sistema territoriale unificato di presidi, accessi e valutazioni multidimensionali condiviso in modo permanente dalle strutture sanitarie e sociali. Questo approccio richiede non solo l'interazione sistematica e strutturale tra le due organizzazioni, ma anche una maggiore consapevolezza delle integrazioni da realizzare all'interno del sistema sanitario, per superare i compartimenti stagni aziendali tradizionali e di nuova costituzione, e nel settore sociale, per coordinare le diverse amministrazioni comunali che costituiscono un ambito territoriale.

In riferimento alle riforme recate dalla componente 2 della missione 5 (dimensione sociale delle politiche sanitarie per le persone anziane) e componente 1 della missione 6 del PNNR (interventi per lo sviluppo di reti di prossimità, strutture e telemedicina per l'assistenza sanitaria territoriale), il percorso del modello assistenziale integrato può essere articolato nelle seguenti fasi:

- Richiesta/segnalazione ed accesso al Punto Unico di Accesso (PUA) front office
- Prevalutazione e individuazione di bisogni semplici e complessi sociosanitari (PUA front office)
- Valutazione multidimensionale per i bisogni complessi che sono congiuntamente sociali e sanitari e compresi nelle classi 4, 5 e 6 del sistema di stratificazione del rischio (Unità di Valutazione Multidimensionale presso PUA back office)
- Formulazione del PAI (sanitario, sociale e assistenziale) e, ove indicato, del Budget di salute (UVM presso PUA back office), con l'individuazione del case manager istituzionale
- Erogazione o attuazione dell'assistenza integrata
- Monitoraggio dell'assistenza integrata.

Al fine di ottenere una presa in carico globale della domanda complessa di salute, il PUA non è solo un luogo fisico ma rappresenta l'insieme di risorse e strumenti comuni, sanitari e sociali. Nella Casa della Comunità è un servizio di accesso – anche attraverso la Centrale Operativa Territoriale - unitario e integrato che svolge funzioni di accoglienza, orientamento e informazione, accompagnamento, risoluzione di problemi semplici e valutazione di casi complessi.

Oltre alla costituzione dell'equipe multiprofessionale di valutazione, le innovazioni recate dalle riforme in atto rendono inevitabile la costruzione di un rapporto organizzativo molto codificato con l'equipe interna alle case della comunità, la struttura organizzativa che può approfondire la valutazione presso il domicilio e organizzare le relative risposte integrate. A tal fine, all'interno del PUA è necessario prevedere una micro-equipe qualificata, formata dall'infermiere, l'assistente sociale e dal medico, riferimento stabile per la valutazione del bisogno sia nella Casa della Comunità sia a domicilio.

In ambito domiciliare, il modello sociosanitario integrato ricompone gli interventi, le prestazioni ed eventuali trasferimenti monetari che fanno riferimento ai servizi e alle misure sanitarie, assistenziali e di tutela sociale, di competenza statale, regionale o locale, in un unico Progetto Assistenziale Individuale (PAI). La ricomposizione operata dal PAI è finalizzata a rendere l'insieme degli interventi, delle misure e delle prestazioni, appropriate ed efficaci rispetto ai bisogni di salute e di assistenza sociale della singola persona e del suo nucleo familiare, così come accertati e valutati dal sistema di Valutazione Multidimensionale Unificata. A questo scopo il PAI persegue la ricomposizione, il coordinamento e la contestualità erogativa di tutti gli interventi previsti, secondo le modalità e le tempistiche definite e condivise con la persona, i caregiver e i familiari, ove indicati. Tutte queste attività devono essere riunificate nello stesso setting domiciliare e coordinate in un unico programma continuo nel tempo.

Finora l'assistenza domiciliare è stata prevalentemente considerata come una modalità assistenziale utile a ridurre il carico ospedaliero, nel caso di dimissioni programmate o di terapie ospedaliere a domicilio, a cui si aggiungono attività infermieristico-riabilitative di durata limitata. Il processo di transizione demografica in corso obbliga invece a riconsiderare il setting domiciliare come una modalità molto più ampia e generalista, in grado di affrontare il carico assistenziale complesso che investirà sempre più pesantemente le persone e le famiglie.

Risulta quindi essenziale adottare una diversa modalità di costruzione del setting domiciliare per considerarlo il luogo naturale e consueto di cura e assistenza. Questo passaggio implica la necessità di progettare l'assistenza domiciliare secondo le reali e specifiche caratteristiche della persona coinvolta, dell'ambiente abitativo in cui vive e del suo nucleo familiare con la relativa rete di supporto sociale.

5.1.2. Il mix di interventi e di soggetti erogatori

Se nell'ambito di un percorso assistenziale è stato elaborato un Progetto Assistenziale effettivamente rispondente alla complessità della domanda di salute di una persona anziana non autosufficiente, come è possibile organizzare il programma degli interventi corrispondenti a questo tipo di complessità di cura, assistenza e tutela? Rispondere a questo primo quesito organizzativo significa affrontare contestualmente il tema della organizzazione degli interventi in pacchetti prestazionali, del mix di prestazioni potenzialmente contenuti in questi pacchetti – che riguardano le patologie e le condizioni di cronicità, l'assistenza e le ADL, la protezione e la vulnerabilità sociale –, la loro graduazione rispetto all'intensità valutata, e la loro imprescindibile personalizzazione.

Il secondo quesito da affrontare riguarda le strade che è possibile percorrere per riuscire a organizzare l'erogazione di tutte le risposte complesse domiciliari di un territorio; vale a dire, di tutti gli interventi contenuti in tutti i PAI domiciliari sviluppati in un dato territorio, durante un dato esercizio finanziario. Si pone così il punto-chiave della indispensabile evoluzione degli attuali sistemi di erogazione eccessivamente centrati sulla produzione di servizi e attività divisionali. Il mix di interventi richiesti dalla realizzazione di risposte multidimensionali, in realizzazione di PAI effettivamente multidimensionali, comporta una conseguente evoluzione dei rapporti tra organizzazioni pubbliche, organizzazioni private e organizzazioni delle reti territoriali e comunitarie, e delle relative modalità di accreditamento.

Ricomporre le attuali attività sanitarie, assistenziali e sociali in un servizio unitario capace di attuare in modo completo il PAI e di fare da reale riferimento globale per le persone assistite a domicilio e le loro famiglie, comporta la costruzione di forme innovative di assistenza sociosanitaria domiciliare. Forme in grado di comporre interventi ADI con interventi SAD, integrarli con le attività assistenziali attivate dalla persona e dalla famiglia, riunificare le modalità di attivazione e fruizione delle prestazioni specialistiche – anche attraverso la sanità digitale – fornire una piattaforma unica per accessi agli ausili, così come ai sostegni nazionali, regionali e locali e alle attività di supporto e accompagnamento. Tali forme organizzative innovative dovrebbero essere in grado di coordinare, secondo un approccio complementare, attività pubbliche dirette, servizi delle organizzazioni private accreditate, co-progettazioni con enti del terzo settore.

5.1.3. L'insieme delle risorse attivabili e finalizzabili

Il cambiamento di orizzonte dovuto al nuovo e necessario rapporto tra la domanda complessa di salute e la corrispondente risposta complessa, da realizzare anche nel setting domiciliare, conduce il sistema ad affrontare in modo diverso il tema dei finanziamenti e dell'allocazione delle risorse. Se il setting domiciliare per le persone anziane non autosufficienti è in ogni caso legato alla cronicità, a interventi complessi e a una prospettiva di lungo termine, di conseguenza diventa inevitabile pensare a una costruzione integrata dei relativi finanziamenti. Due le direzioni del cambiamento: realizzare il coordinamento costante tra le risorse pubbliche sanitarie (aziendali) e sociali (comunali), anche attraverso la programmazione congiunta tra distretto sanitario e ambito territoriale sociale; costruire allocazioni congiunte sanitarie e sociali nella logica della presa in carico e di PAI di lungo termine, che quindi non si chiudono e si aprono ad ogni singolo intervento – o cicli settimanali di intervento – ma restano aperti ospitando di volta in volta interventi infermieristici, riabilitativi, specialistici, assistenziali, tutelari, di supporto, di sostegno, di promozione.

Allo stesso modo, dopo aver ricercato il coordinamento permanente tra risorse e allocazioni sanitarie e sociali, entra in campo il fondamentale passaggio che chiama in causa le risorse private, quelle della persona e del suo nucleo familiare, e quelle della sua rete amicale e del suo contesto di vita. Appare difficile ricercare un approccio realmente multidimensionale alle cure domiciliari, senza affrontare questo che forse è il passaggio più difficile. Il punto è che, al netto delle attività tutelari rivolte ai nuclei in vulnerabilità sociale, l'assistenza alle ADL è quasi interamente coperta dalle capacità di sostegno e accudimento dei nuclei famigliari – con le attività dirette dei care giver o con le assistenti famigliari, sostenute in parte con i trasferimenti monetari INPS o regionali o locali – e ovviamente, senza le azioni di assistenza alle attività della vita quotidiana non può reggere nessun programma di cure domiciliari per persone anziane non autosufficienti.

Si aprono così due prospettive principali che riguardano la capacità delle organizzazioni pubbliche di comprendere le reali dinamiche domiciliari attuali. La prima prospettiva riguarda la possibilità di pensare a una committenza pubblica molto più evoluta di quella attuale – settoriale e divisionale – in grado di agire anche sulla dimensione dell'assistenza coinvolgendo le risorse dirette e indirette delle famiglie in una forma innovativa ed evoluta di accreditamento, che comprenda anche prestazioni specialistiche e assistenziali, e possa essere alimentata anche con la compartecipazione di risorse del nucleo familiare. La seconda prospettiva riguarda lo sviluppo dell'istituto del cosiddetto Budget di cura ed assistenza, che richiama oltre all'utilizzo ricompositivo, coordinato e contestuale di tutte le risorse pubbliche e private della persona e del suo nucleo familiare, la propensione verso il coinvolgimento attivo delle reti territoriali e comunitarie anche attraverso gli istituti della Amministrazione Condivisa (co-programmazione e co-progettazione).

5.2. I fattori abilitanti dell'integrazione

Sebbene esista un'ampia letteratura sul possibile impatto delle cure integrate sulla durata dei ricoveri ospedalieri, gli accessi in pronto soccorso o i ricoveri in residenze sanitarie, le evidenze rimangono limitate. Ciò è in parte dovuto alla difficoltà di interpretazione e generalizzazione delle evidenze derivanti da interventi locali (livello micro), dovuta all'ampia variabilità nel significato e nell'uso del termine "assistenza integrata" nei Paesi OCSE. Esiste comunque un corpus crescente di conoscenze sui fattori abilitanti dell'assistenza integrata.

5.2.1. Creare un quadro giuridico e istituzionale di supporto

Lo sviluppo di un sistema di cure integrate efficace richiede un approccio collaborativo e coeso fra i diversi livelli di governo e stakeholder. Per raggiungere questo obiettivo, è essenziale definire un quadro giuridico ed istituzionale chiaro e condiviso basato su valori comuni e sul rispetto reciproco per i ruoli e le responsabilità.

Un elemento chiave di tale quadro consiste nel costituire team locali qualificati, riunendo diverse professionalità per guidare cambiamenti e innovazioni significativi. È inoltre necessario investire nella costruzione di relazioni solide e affidabili tra professionisti, management, decisori politici, rappresentanti dei pazienti e la comunità.

Una comunicazione aperta e un processo decisionale trasparente basato sul consenso permettono di individuare un terreno comune, portando a scelte efficaci e consapevoli. Adottando questi principi e lavorando insieme per una visione condivisa, gli operatori possono promuovere un ciclo delle cure domiciliari integrate che ottimizzi i risultati per i pazienti, eroghi cure e assistenza di alta qualità e garantisca il benessere dell'intera comunità.

5.2.2. Promuovere azioni a livello di comunità

Il riconoscimento del ruolo della società civile e di tutti gli stakeholders – pubblici e privati – nell'affrontare le sfide economiche e sociali delle comunità può facilitare la creazione di ecosistemi dell'economia sociale, concepiti come l'insieme delle azioni aventi come scopo la promozione, crescita e sviluppo dell'innovazione sociale, anche grazie al miglioramento delle relazioni tra i diversi attori coinvolti. Gli approcci volti a massimizzare il coinvolgimento delle comunità locali - compresi i soggetti maggiormente a rischio di deterioramento nello stato di salute - possono migliorare la salute e il benessere e ridurre le disuguaglianze nello stato di salute.

5.2.3. Assicurare una rigorosa e tempestiva valutazione dell'implementazione di cure integrate

La disponibilità di strumenti e processi di monitoraggio e valutazione favorisce una cultura di apertura, trasparenza, sviluppo professionale continuo e miglioramento nell'erogazione dei servizi. Per rafforzare la base di evidenze e la legittimità dell'implementazione di cure integrate, sono necessarie rigorose e tempestive valutazioni– incluso sulla qualità e il livello di coordinamento dell'assistenza tra il settore sanitario e quello sociale – possibilmente basate sulla raccolta dati di routine.

Un sistema di tecnologie dell'informazione e comunicazione ben funzionante rappresenta un prerequisito per una migliore collaborazione, una comunicazione efficace e processi assistenziali più snelli. Tuttavia, in molte giurisdizioni la legislazione sulla tutela della privacy dovrà essere rivista per consentire l'interoperabilità e lo scambio di dati tra gli operatori.

Lo sviluppo di sistemi informativi condivisi rappresenta la prospettiva a lungo termine più promettente. Questo approccio garantisce che i sistemi soddisfino le esigenze specifiche di professionisti e pazienti, non aumentino l'onere amministrativo e facilitino il lavoro professionale anziché ostacolarlo.

5.2.4. Incentivare l'uso di tecnologie sanitarie economiche (cost-effective)

Le tecnologie assistive comuni che migliorano la vista, l'udito, la mobilità, la sicurezza e la comunicazione sono fondamentali per promuovere attività funzionali e il movimento.

I dispositivi indossabili e la telemedicina consentono il monitoraggio di un'ampia gamma di patologie croniche, consentendo l'individuazione di problemi gravi, una migliore aderenza del paziente alle indicazioni terapeutiche e una riduzione del rischio di cure intensive e di assistenza a lungo termine.

Invecchiare bene ed in salute può essere facilitato da tecnologie che consentono alle persone di vivere in modo sicuro e indipendente nella comunità, ritardando così la necessità e la domanda di servizi di assistenza a lungo termine informali e formali.

5.2.5. Rafforzare le competenze e le conoscenze della forza lavoro per erogare in modo efficace cure integrate centrate sulla persona

Tre componenti chiave possono essere adottate per promuovere un lavoro integrato efficace: una governance professionale, organizzativa e clinica efficace e integrata; le giuste competenze, abilità e conoscenze della forza lavoro, come la conoscenza del sistema sanitario, le competenze trasversali (ad esempio, problem solving, adattabilità, mentoring) e le competenze informatiche; e pratiche di lavoro efficaci all'interno del team, inclusa una solida comprensione di ruoli, responsabilità, processi chiave e obiettivi del team. Queste tre dimensioni si supportano a vicenda e devono essere implementate affinché la forza lavoro compia passi significativi verso un'erogazione di assistenza integrata sostenibile e di impatto.

Lo sviluppo di nuove competenze e ruoli professionali, come ruoli infermieristici avanzati e case manager, può promuovere una forza lavoro più competente e collaborativa, meglio attrezzata per gestire le complesse esigenze degli individui non autosufficienti e creare una migliore integrazione tra il settore sanitario e quello sociale.

La formazione sulle cure integrate – incentrata sulla comunicazione, sul lavoro di squadra e sulla pratica collaborativa – dovrebbe diventare una parte fondamentale della formazione permanente di tutti i professionisti sanitari e socioassistenziali. Dopo un'introduzione iniziale all'assistenza integrata nella formazione universitaria, le competenze e le conoscenze dei professionisti sanitari, sociali e socioassistenziali dovrebbero essere ulteriormente sviluppate nella formazione post-laurea e durante lo sviluppo professionale continuo.

Bibliografia

Caiolfa, M. (2022), *Il Sistema Nazionale Anziani: unagovernance multilivello per la nonautosufficienza*. [1]

Llena-Nozal, A., S. Araki and K. Killmeier (2025), *Needs assessment and eligibility criteria in long-term care: How access is managed across OECD countries*, https://doi.org/10.1787/461811c4-en. [2]

Note

[1] Ad esempio, in Francia le persone vengono assegnate a sei categorie in base al grado di perdita di autonomia. Solo quattro categorie su sei danno diritto a prestazioni. Gli individui appartenenti alle categorie 5 e 6 sono considerati sufficientemente autonomi da vivere senza un sostegno formale; tuttavia, hanno la possibilità di ricevere supporto a domicilio per alcune attvità domestiche come pulire, preparare i pasti, fare il bucato o fare la spesa, se hanno una capacità finanziaria limitata per pagare autonomamente questi servizi (Llena-Nozal, Araki and Killmeier, 2025[2]).

www.ingramcontent.com/pod-product-compliance
Ingram Content Group UK Ltd.
Pitfield, Milton Keynes, MK11 3LW, UK
UKHW051643031026
15588UKWH00007B/1294